BREAD & CIRCUS
粉からおこす自家製天然酵母のパンづくり

寺本五郎　寺本康子

柴田書店

ブレッド＆サーカスのレシピ本を手にとってくださってありがとうございます。
わたしはいつも店頭に並ぶ商品たちに、
「たくさんの人に愛されてあなたたちは幸せものです」
と言っています。
そして、近隣からにとどまらず、遠いところからもブレッド＆サーカスに
たくさんのお客様がご来店くださることに、感謝を込めて心の中で手を合わせています。

ブレッド＆サーカスという店名は「おいしいものとたのしいこと」の意を込めて決めました。
イメージしたのは、おばあさんが戸棚からパン種を取り出しては、
家族のために日々パンを焼く情景。そのような手づくりの温かみが感じられる
大ぶりな食事パンをたくさん焼いてお店に並べたいと思っていました。
パンは食べてしまえば消えていきますが、おいしい記憶や
誰かと囲んだテーブルの記憶は、一生、人を温めつづけてくれます。

わたしたちの店に並ぶパンのほとんどは天然酵母を使ってつくったものです。
でも、実は天然酵母に強いこだわりがあったわけではありません。
ただ、おいしいパンを焼きたいと、それだけを考えて毎日パンを焼きつづけてきました。
天然酵母で焼いた食事パンの、口に含んだ瞬間の香り、口の中で膨らむ香り、
飲み込んだ後のなんとも言えない余韻のある味わい、弾力に富んだ食感、
それらの魅力は平和で感動的で幸福感すらありました。
おまけに日持ちがよいといううれしい結果がついてきました。
そして、いつしか、わたしは天然酵母でパンを焼くことに夢中になりました。

ブレッド＆サーカスをはじめた頃は、師がいないがために、
わからないことや迷うことを自分で解決するしかありませんでした。
天然酵母でパンを焼くにあたり、師がいてくれたら、
あるいは教則本があってくれたら、どんなによいだろうと何度も思いました。
この本がパンづくりに迷った方のお役に少しでもたてたら、
これほどうれしいことはありません。
願わくば、遠い将来においても。

ブレッド＆サーカス
寺本康子

CONTENTS

BREAD & CIRCUS'S METHOD
序章 ブレッド＆サーカスのパンづくり

ブレッド＆サーカスのパンづくりの流れ……… 10
全粒粉の固形種 ……… 12
3種のスターター ……… 14
スポンジ種 ……… 18
バームとビガ ……… 20
粉について ……… 21

CHAPTER 1 THE SIMPLE BREAD
シンプルなパン

BOULE ブール ……… 26
REAL CAMPAGNE リアルカンパーニュ ……… 30
CALIFORNIA SOFT カリフォルニアソフト ……… 34
STONE GROUND FLOUR CAMPAGNE
石臼挽きカンパーニュ ……… 38
POTATO CROWN ポテトクラウン ……… 42
ENGLISH MUFFIN イングリッシュマフィン ……… 46
LAKE COMO BREAD コモ湖のフラットパン ……… 48
FENDUE フェンドゥ ……… 51

CHAPTER 2 THE WHOLE WHEAT BREAD
全粒粉のパン

DESUM デイズム ……… 54
CONVENT BREAD
(WHOLE WHEAT AND MOLASSES)
修道院のパン(全粒粉と糖蜜) ……… 58
NINE GRAINS BREAD 9種穀物パン ……… 62
WHOLE WHEAT CAMPAGNE
全粒粉カンパーニュ ……… 66
SIMPLE WHOLE WHEAT BREAD
シンプル・ホールウィート・ブレッド ……… 70

CHAPTER 3 THE RYE BREAD
ライ麦パン

MILD SOUR BREAD マイルドサワーブレッド ……… 74
SANDWICH RYE サンドイッチ・ライ ……… 78
UKRAINIAN STYLE BLACK BREAD
ウクライナ風黒パン ……… 82
PUMPERNICKEL プンパニッケル ……… 86
HEAVY PUMPER ヘビープンパ ……… 90
RYE CARAWAY ライキャラウェイ ……… 92

CHAPTER 4 TIN BREAD
食パン

HOMEMADE TEA STARTER BREAD
紅茶酵母のイギリスパン ……… 100
SIMPLE HARD TOAST
シンプルハードトースト ……… 104
HOMEMADE STARTER PAIN DE MIE
天然酵母のパンドミ ……… 108
BROWN RICE TOAST 玄米トースト ……… 112
TEXAS CORN BREAD
テキサスコーンブレッド ……… 116
BRIOCHE RAISIN ブリオッシュレーズン ……… 119

CHAPTER 5 NUTS & DRIED FRUITS BREAD
ナッツとドライフルーツのパン

- **Divine** ディヴァイン……… 124
- **Viking Bread** バイキングのパン……… 128
- **Cereal Roll** シリアルロール……… 131
- **Fruits bundle** フルーツバンドル……… 132
- **Fruits Horn** フルーツホーン……… 136
- **Fruits 800** フルーツ800……… 138
- **Fruits Noir** フルーツノワール……… 142
- **Sweeter Bread with Dates and Figs** デーツといちじくの甘めのパン……… 144
- **Walnuts Bread** くるみパン……… 146
- **Monkey Loaf Bread** クルミシナモンローフ……… 148

CHAPTER 6 OTHERS
甘いパン、しょっぱいパン

- **Apple Pillow** アップルピロウ……… 154
- **Apple Cinnamon Pillow** アップルシナモンピロウ……… 157
- **Sweet potato, Pumpkin & Red beans Pillow** 芋南瓜小豆ピロウ……… 160
- **Chocolate Cranberry** チョコクランベリー……… 162
- **Olive Forest** オリーブの森……… 164
- **Spicy Cheese Bread** スパイシーチーズブレッド……… 166

CHAPTER 7 SWEETS
焼き菓子

- **Banana Bread** ばななブレッド……… 170
- **Hamantash** ハーマントッシュ……… 172
- **Chocolate Pomander** チョコレートポランダ……… 175
- **Almond Aroma Wafers** アーモンドアロマウェハース……… 178
- **Glamorous Scone** グラマラス・スコーン……… 180
- **Ginger Man Scone** ジンジャーマン・スコーン……… 182
- **Rich Triple Chocolate Muffin** 濃厚トリプルチョコマフィン……… 184
- **Fig, maple & walnut Bread** いちじくとメープルウォルナッツブレッド……… 186
- **Concord** コンコード……… 188

本書を使う前に……… 22
店のはじまりから今までのこと……… 96
いいパンは売れるパン……… 97

撮影：海老原俊之

デザイン：岡本洋平、島田美雪（岡本デザイン室）

編集：井上美希、諸隈のぞみ

序章

BREAD & CIRCUS'S METHOD

ブレッド&サーカスのパンづくり

ブレッド＆サーカスのパンづくりの流れ

ブレッド＆サーカスでは、全粒粉から固形の酵母種をおこし、それを3種類の液状のスターターに展開し、それらのスターターを使ってパンづくりを行っています。スターターを本ごねで加えるパンもありますが、ほとんどのものはスターターを使って事前に発酵種を仕込みます。この発酵種をブレッド＆サーカスではスポンジ種と呼んでいます。パンによっては、発酵を助け、風味を加えるバームやビガという生地種をさらに加え、口どけがよく、風味豊かなパンに仕上げています。

1. 全粒粉の固形種
2. スターター3種
3. スポンジ種

全粒粉からおこした固形の自家製酵母種です。全粒粉に水を加え、こねて丸めてボール状にしたものを、全粒粉の中に埋めて6日ほど熟成。さらに3日間、粉と水をかけ継いでこね、安定した発酵力をもつ風味豊かな種に育てます。

固形種が完成したら、粉と水をかけ継いで3種類の液状のスターターに展開します。かけ継ぐ粉は「ホワイトスターター」には準強力粉や中力粉、「ライスターター」にはライ麦粉、「全粒粉スターター」には全粒粉を使います。

スターターと粉、水、副素材などを混ぜ合わせてあらかじめ発酵させる「スポンジ種」は、ブレッド＆サーカスのパンづくりに欠かせない存在。一晩ねかせたスポンジ種を本ごね時に加えることで、生地の風味が格段によくなり、発酵力も高まります。

4. 発酵を助ける種

バーム

ビガ

スターターやスポンジ種だけでもパンはつくれますが、ブレッド＆サーカスでは、「バーム」「ビガ」という2種類の生地種をさらに加えるひと手間で、ふっくら、口どけのよい生地に仕上げています。バームとビガはどちらも、本ごねの粉の一部に水と酵母を加えてあらかじめこねて発酵させた固形種で、「バーム」は酵母としてホワイトスターターを、「ビガ」は微量のインスタントドライイーストを使います。

5. その他の材料

粉

水

ナッツや
ドライフルーツなどの
副材料

ブレッド＆サーカスのパン

1. 全粒粉の固形種

「固形種」は小麦にすむ菌でおこす「ルヴァン種」の一種です。ブレッド＆サーカスでは石臼挽きの小麦全粒粉で種をおこし、できあがった固形種を3種類のスターターに展開してパンづくりを行っています。

料理の味を引き立てるパンをつくるために

　小麦からおこした酵母を使うのは、料理の味を引き立てるパンをつくるため。レーズン種などの果実酵母は、ときにその香りや甘みがパンになっても残り、料理の邪魔をすることがありますが、小麦酵母はうまみ、酸味、甘みのバランスがよく、小麦由来の自然な風味がパンに奥行きを与えてくれます。

500回こねる

　固形種づくりは全粒粉と水を混ぜ、手ごねすることからはじまります。このとき、水分が多過ぎると腐敗やカビの原因になるので、水の量は生地がやっとまとまる程度に。手のひらの付け根でぐっと押し込むようにこねていきます。最初は固く、押してもなかなか手が入っていきませんが、斜めに押すようにこねるうちに生地が徐々にやわらかくなり、やがて手がすっと入るようになります。そうなれば、こね上がり。
　500回こねれば、水分が全体に行きわたり、きれいなボール状になります。少し大変ですが、しっかりこねましょう。

全粒粉の中でねかせる

　こねあげたボール状の種は、たっぷりの全粒粉の中に埋めて熟成させます。これは全粒粉に含まれる菌を種に吸着させ、酵母を活性化するために欠かせない工程です。さらに気温の変化が酵母に与える影響を少なくすることも目的のひとつです。そのため、種の周囲10cm以上は粉で覆われるようにします。
　こねては粉に埋める工程を繰り返すうちに、6日ほどで酵母種として使えるほどに菌の数が増えますが、まだツンととがった味がするので、さらに3日ほど同じ工程を繰り返し、味を落ち着かせます。
　また、粉の中にいる間に表面は乾いてバリバリになりますが、乾いた部分を取り除くとなんともいえないふくよかなよい香りがします。

完成した固形種の使い方

　完成した固形種は、そのまま酵母種としてパンづくりに使用することもできますが、完成後はスターターに展開したほうが安定したパンづくりが行えます。スターターに展開した場合も、元気な状態を保つため、5年に一度、一から固形種をおこしています。暑いと管理が難しいので、種をおこすのは秋冬がおすすめです。新たにおこしたスターターには古いスターターを混ぜて、長年育てた風味を受け継がせます。

全粒粉から酵母をおこそうと思ったのは、全粒粉の風味が好きだったからです。また、小麦の皮の部分にもっとも多くの野生酵母がいることからも、全粒粉からおこすのがよいのではないかと考えました。はじめのうちは失敗ばかりで、酸っぱくなる、顔をしかめたくなるほどえぐい、腐敗するなど、大変でしたが、どこにもないようなおいしいパンをつくりたい一心で試行錯誤を重ねました。サワー種のおこし方を紹介する外国のサイトなどを参考にしたような覚えがあります。当時は売れるとか売れないといったことはまったく考えていなくて、考えていたらできなかったと思います。実験のようで楽しかったともいえます。（康子）

固形種のおこし方

1日目

1. 石臼挽き小麦全粒粉（以下全粒粉）300gを台に広げ、水120gを大さじ1〜2ずつ加えながらこねる A 。
2. ある程度まとまってきたら、ひとつにまとめる。手のひらの付け根で押し込むように約20分、400〜500回こねる B 。
3. 手が生地の中にすっと入っていくようになったら、なめらかなボール状にまとめる C 。
4. 4.5kgの全粒粉を幅と深さがほぼ同じくらいの容器に入れる（ブレッド&サーカスではプラスティックの漬物用樽を使用）。全粒粉の中心に3を埋め、周囲10cm以上が粉で覆われるようにする D 。
5. フタを閉め、8〜18℃の場所に置く。

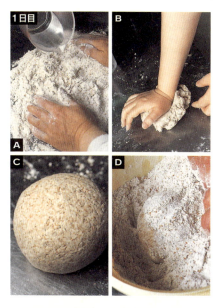

2日目

そのままの状態を維持し、置いておく。

3日目

1. 全粒粉の中からボール状にまるめた種（以下、ボール）を取り出すと E F 、表面がバリバリに乾いてひび割れているので、かたい部分（厚さ1〜2mmほど）をナイフでむき取る G 。
2. むき取った生地の重さを量り、同量の全粒粉と水大さじ4をボールに加えてこねる。1日目と同様に400〜500回こね H 、丸める。
3. ボールをふたたび全粒粉に埋め、8℃〜18℃の場所に24時間置く。

4日目

1. ボールの下部が固くなっていたら、その部分のみを切り取る I 。
2. 全粒粉125gと水大さじ4を加えて、400〜500回こねる。
3. ふたたび全粒粉に埋めて24時間置く。

5日目

4日目と同じ工程をくり返す。

6日目

1. この頃になると、前日に粉の中央に埋めたボールが、翌朝には粉の底のほうにしずむようになる。ボールを取り出し、全粒粉125gと水大さじ4を加え、400〜500回こねる。
2. ボールをふたたび全粒粉に埋め、8〜18℃の場所に置く。

7日目〜9日目

全粒粉125g、水大さじ5を加え、約10分間、300回こねる。この工程を3日間くり返したら完成 J 。できあがりを確認するには100gの固形種を100gの水で溶き、常温におく。約3時間後に泡が出てくれば、もう使える状態。泡が出ない場合は、全粒粉と水を加えてこねる工程をさらに数日繰り返す。カビくさかったり、不快に感じるようないやな匂いがした場合は雑菌が繁殖してしまっているのですべて捨て、最初から作り直す。

2. 3種のスターター

ブレッド&サーカスでは、全粒粉の固形種から展開した3種類の自家製天然酵母「ホワイトスターター」「ライスターター」「全粒粉スターター」を、パン生地を発酵させる発酵種として使用しています。3種類のスターターはいずれも液種で、味、香り、発酵力、酸味の出方が異なるため、単独で使用したり、ブレンドしたりして、それぞれの特性を活かして使います。

スターターは、全粒粉の固形種からつくる

スターターは全粒粉の固形種に粉と水をかけ継いでつくる液種です。ホワイトスターターには準強力粉や中力粉を、ライスターターにはライ麦粉を、全粒粉スターターには全粒粉を使います。スターターはだいたい3〜4日でパンづくりに使えるようになります。使えるようになるまでは日中は数時間おきに粉と水をかけ継ぎ、翌朝、半量を捨ててから、また数時間おきに粉と水をかけ継ぎます。完成した後の種継ぎは、ホワイトスターターは日に3〜5回、ライスターターは2回、全粒粉スターターは週に1回の割合で行います。

全粒粉の固形種もスターターも暑い時期は管理が難しいので、おこすのは秋冬がおすすめです。

ホワイトスターター

ブレッド&サーカスのパンづくりを支えるスターター

真っ白な「ホワイトスターター」は、全粒粉の固形種に準強力粉や中力粉を種継ぎしてつくります。酸味がほとんどなく、小麦由来のうまみがあるこのスターターはどんな生地とも相性がよいため、ブール(p.26)をはじめとするハード系から、リッチな配合のブリオッシュ生地まで、多くのパンに使います。また、ライスターターの酸味や全粒粉スターターのフスマの風味をやわらげる目的で、補助的に加えることもあります。

種継ぎには準強力粉や中力粉を使う

ホワイトスターターは、全粒粉の固形種に4日間にわたって日に何度も粉と水を加えることで、パンづくりに使える状態になります。完成したばかりの段階ではまだ全粒粉の茶色い色が残っていますが、すでに全粒粉の風味はほとんど感じられません。その後、1日に数回、種継ぎを繰り返すうちに徐々に全粒粉の割合が減り、しだいに全粒粉の色が消えて真っ白になります。

種継ぎには基本的にフランスパン用粉などの準強力粉や中力粉を使用します。おこしてから間もない時期は、ムール・ド・ピエール(熊本製粉)などの石臼挽き準強力粉を使うと状態が安定しやすいようです。かけ継ぐによって粘度や風味が微妙に変わっていきますから、いろいろな粉を試して、好みのスターターにするにはどうすればいいか考えながら育ててください。

ホワイトスターター

ふつふつと小さな泡が元気よくたち、よい香りがして、離水していないのがよい状態。

種継ぎは頻繁に

　種継ぎは酵母の力を保つために欠かせません。英語ではリフレッシュといい、言葉の通り、種を元気にするための作業です。夏は2〜3時間に1回、冬は3〜4時間に1回行って、気泡がふつふつと元気にわく状態を保ちます。種継ぎの間隔があくと、気泡の勢いが徐々に落ち、やがて色が茶色くなってつんと酸っぱいにおいがしてきます。そうなった種はもう使うことはできません。気泡の出方が弱くなったと感じたら種継ぎの間隔を短くするなど、種の状態に合わせて臨機応変に対応することが大切です。

　多くのパンに使っているホワイトスターター。ブレッド&サーカスでは必ず、フタつきの容器2個以上に保管して、ひとつがだめになってもパンづくりができるようにしています。

ライ麦パンやサワーブレッドに使うほか、9種穀物パン(p.62)、バイキングのパン(p.128)、シンプル・ホールウィート・ブレッド(p.70)などに、風味や味に奥行きを出すために使う。

ライスターター

やわらかな酸味とコクを醸す「ライスターター」

　全粒粉の固形種にライ麦粉と水をかけ継いでつくる「ライスターター」は、乳酸菌由来のさわやかな酸味をもつ酵母種。ブレッド&サーカスでは、プンパニッケル(p.86)やサンドイッチ・ライ(p.78)などのライ麦を使うパンや、ほどよい酸味を出したいマイルドサワーブレッド(p.74)などに使用しています。

酸味が強くなりすぎないように注意する

　種継ぎの間隔があいたり、保存温度が高いと、酸味が強くなりすぎるので注意しましょう。保存場所の温度は25℃以下がのぞましいです。1〜2日間、種継ぎができないときは種を冷蔵庫で保存し、表面が変色していたらその部分を取り除いてから種継ぎを行います。

全粒粉スターター

小麦の香ばしい香り、うまみがいきる「全粒粉スターター」

　全粒粉の固形種に全粒粉と水を加えてつくる「全粒粉スターター」は、全粒粉特有の香ばしい香りと、濃厚なうまみがもち味。シンプル・ホールウィート・ブレッド(p.70)や全粒粉カンパーニュ(p.66)など、全粒粉の風味を強調したいパンに使っています。そのほか、コクを出すためや、ライスターターの酸味をまろやかにする目的でブレンドすることもあります。

単独で用いることはなく、ホワイトスターターやライスターターに少量加え、風味やコクを増し、豊かな味わいをつくり出すために使う。

ホワイトスターターのつくり方

1日目
1 全粒粉の固形種(p.12)450gに水300gを加え **A**、よく混ぜる **B C**。
2 石臼挽き全粒粉250gと準強力粉50gを加え **D**、よく混ぜる **E**。
3 フタをして3時間ほど室温におく。
4 小さな泡が立ってきたら **F**、さらに準強力粉250g、水350gを加えてかき混ぜる。
5 4を5〜6時間おきに3回くり返す。

2日目
朝、種の半量を捨て、準強力粉250g、水350gを加えて混ぜる。これを5〜6時間おきに3回くり返す。

3日目
2日目と同様の工程をくり返す。

4日目
ぶくぶくと泡が立ったらホワイトスターターの完成 **G**。種の量の3〜4倍の容量のある密閉容器に移して保存する。

種継ぎの方法
種継ぎは、冬は1日3〜4回、夏は1日5〜6回ほど。朝一番の種継ぎは種を半分捨ててから行う。新たに加える粉と水の分量は、残った種の重量の約10%の準強力粉(または中力粉)を基本の量として季節によって調整する。水の量は粉3に対して5の割合。種継ぎ後、2〜3時間おいてから使う。ちなみに、朝一番の種は最後の種継ぎから時間がたっているため、酵母の力が弱くなっているのでパンづくりには使わない。必ず種継ぎを2度以上行った後の、元気な状態の酵母を使う。

1〜2日間種継ぎができないとき
粉のみを加えて種の水分量を減らし、ねっちりとした状態にして冷蔵庫で保存。表面が変色した場合は、その部分を取り除いてから種継ぎを行い、通常の状態にもどす。また、種継ぎを再開する際には、自然湧水などの質のよい水を使い、通常より種継ぎの間隔を短くして、酵母の力を取り戻す。

ライスターターのつくりかた

1日目
全粒粉の固形種(p.12)450g、ライ麦粉350g、全粒粉大さじ1、水450gを容器に入れ、よく混ぜる **H**。フタをして常温におく。少量の全粒粉を加えるのは酵母の働きを高めるため。

2日目

1. 朝、前日の種を半量捨て、残した種にライ麦粉250g、水450gを加え混ぜる。フタをして常温におく。
2. 4〜5時間後にライ麦粉250g、水450gを加え混ぜる。気温30℃を越える時期は、4〜5時間後にもう一度同様の工程を繰り返す。粉と水を加える際には、ハチミツくらいの濃度になるように量を調整する。

3日目

2日目の工程をくり返す。きめの細かいホイップしたような気泡がたくさんできればライスターターの完成 **I**。泡立ちが少ない場合は4日目も同様の工程をくり返す。完成した種は密閉容器に移し、25℃以下で保存する。

種継ぎの方法

種継ぎの頻度は1日2回。種を半分捨て、残った種の35%のライ麦粉と65%の水を加え混ぜる。種の量を増やしたい場合は元種を減らさず、同様の割合で粉と水を加える。

全粒粉スターターのつくりかた

1日目

1. 全粒粉の固形種(p.12)450gに全粒粉100g、水250gを加え混ぜ、フタをして室温におく。
2. 4〜6時間おきに2回、全粒粉100g、水250ccを加え混ぜる。

2日目

1. 朝、前日の種を半量捨て、残った種に全粒粉250g、準強力粉30g、水250gを加え混ぜる **J**。ふたをして室温におく。
2. 4〜6時間おきに2回、全粒粉250g、準強力粉30g、水250gを混ぜる。

3日目

2日目の工程を繰り返す。ぶくぶくと泡が立てば、全粒粉スターターの完成 **K**。完成した種は密閉容器に移し、25℃以下で保存する。

種継ぎの方法

種継ぎは1週間に1回。種を半量捨て、残った種の20〜30%の全粒粉と全粒粉の12%の準強力粉を加え、夏期は粉と同量の、冬は8割ほどの水を加え混ぜる。全粒粉には胚芽オイルが含まれているため、時間が経つにつれて酸味が強くなる。そのため、種継ぎの際には元種を半量に減らす。種継ぎは基本的にスターターを使用する前日に行い、スターターの状態や季節により粉と水の量を調整する。

夏季の保存について

スターターはどれも夏でも室温で保存しますが、ライスターターと全粒粉スターターは25℃以上だと酸味が出てえぐくなるので、空調のきいた涼しい場所に。ホワイトスターターは夏には種継ぎの間隔を短くし、どうしても5時間以上種継ぎができないときのみ冷蔵庫へ。その後はいつもより頻繁に種継ぎをしてスターターの元気を取り戻します。

種継ぎする前に必ず半量を捨てるのは、なぜか?

スターターをつくっている間も完成後も、朝一番の種継ぎの際には、必ず種の半量を捨てます。種を減らすことなく、酵母を元気に保てるだけの粉と水を加え続けると、スターターの量はねずみ算式に増えてしまうからです。捨てた種は前回の種継ぎから時間がたっているため、すでに力がないのでパンづくりには使えませんが、フライや天ぷらの衣に用いることができます。

ライスターターと全粒粉スターターの元気がないとき

ライスターターと全粒粉スターターの泡立ちが悪く、元気がないときには、ホワイトスターターを少し加えると、泡立ちのよい元気な種になります。

3. スポンジ種

粉の一部とスターター、水、副素材などを前日に混ぜて一晩低温熟成させた発酵種を、ブレッド＆サーカスではスポンジ種と呼んでいます。一晩発酵させてぶくぶくと泡だった様子がスポンジを思わせるところから、この名前で呼ぶようになりました。

事前に仕込んだ種でパンの味わいと香りを深める

発酵によるうまみや香りを生地に加えてくれるスポンジ種は、ブレッド＆サーカスのパンづくりの要とも言える存在。ブレッド＆サーカスでは夕方に仕込み、冷蔵庫で一晩発酵させてから使用しています。低温で長時間発酵させたスポンジ種を加えることで生地の熟成度を増し、パンの味わいに奥行きを与えることができます。さらに、ボリュームが豊かになり、ほどよい弾力が出て、しっとりとしたパンに仕上がります。また、生地の吸水が高まるぶん、固くなりにくく、日持ちもよくなります。

スポンジ種の基本の仕込み方

1 材料を容器に入れてヘラで混ぜる。
2 フタを閉めて常温に1時間おき、冷蔵庫に一晩（7℃・15～21時間）おく。

スポンジ種の仕込みには、縦長のフタつき容器を使っている

スポンジ種一覧 （写真はできあがり）

ブールのスポンジ種 A
→ブール (p.26)

ホワイトスターター (p.14)……おたま6杯分
フランパン用粉（特ラインゴールド）……600g
水……600g

リアルカンパーニュのスポンジ種
→リアルカンパーニュ (p.30)

ホワイトスターター (p14)……おたま6杯分
全粒粉（DC全粒粉）……150g
ライ麦粉（ロッゲンメール ナチュラル）……450g
水……600g

イタリアンスポンジ種 B
→カリフォルニアソフト (p.34)、シンプルハードトースト (p.104)、玄米トースト (p.112)、テキサスコーンブレッド (p.116)

ホワイトスターター (p.14)……おたま6杯分
強力粉（ゆめかおり）……600g
水……1.5kg

石臼挽きカンパーニュのスポンジ種 C
→石臼挽きカンパーニュ (p.38)

ホワイトスターター (p.14)……おたま6杯分
フランパン用粉（ドヌール）……300g
グラハム粉……300g
水……600g

ポテトクラウンのスポンジ種 D
→ポテトクラウン (p.42)

ホワイトスターター (p.14)……おたま2杯分
強力粉（ゆめかおり）……300g
水……400g

イングリッシュマフィンのスポンジ種 E
→イングリッシュマフィン (p.46)

ホワイトスターター (p.14)……おたま1杯分
強力粉（ゆめかおり）……125g
ライ麦粉（ロッゲンメール ナチュラル）……35g
牛乳……200cc
グラニュー糖……小さじ1

コモ湖のスポンジ種 F
→コモ湖のフラットパン (p.48)、フェンドゥ (p.51)

ホワイトスターター (p.14)……おたま4杯分
強力粉（ゆめかおり）……500g
全粒粉（DC全粒粉）……50g
ライ麦粉（ロッゲンメール ナチュラル）……50g
水……800g

デイズム＆ウクライナのスポンジ種 G
→デイズム (p.54)、ウクライナ風黒パン (p.82)

ホワイトスターター (p.14)……おたま2.5杯分
ライ麦粉（ロッゲンメール ナチュラル）……250g
全粒粉（DC全粒粉）……175g
強力粉（ゆめかおり）……75g
水……300g

修道院のパンのスポンジ種
→修道院のパン (p.58)

ホワイトスターター (p.14)……おたま4杯分
全粒粉（DC全粒粉）……300g
水……400g

全粒スポンジ種 H
→全粒粉カンパーニュ (p.66)

ホワイトスターター (p.14)……おたま6杯分
全粒粉（DC全粒粉）……300g
ライ麦粉（ロッゲンメール ナチュラル）……300g
水……600g

シンプルホールウィートブレッドのスポンジ種 I
→シンプルホールウィートブレッド (p.70)

ライスターター (p.14)……おたま1～1.5杯分
全粒粉スターター (p.14)……大さじ3
グラハム粉……400g
全粒粉（DC全粒粉）……200g
牛乳……200cc
サワークリーム……100g

サワースポンジ種 J
→マイルドサワーブレッド(p.74)

ホワイトスターター(p.14)……おたま6杯分
ライスターター(p.14)……おたま2杯分
フランスパン用粉(ドヌール)……200g
ライ麦粉(ロッゲンメール ナチュラル)
　……200g
全粒粉(DC全粒粉)……200g
水……600g

サンドイッチライのスポンジ種 K
→サンドイッチライ(p.78)

ライスターター(p.14)……おたま4.5杯分
ホワイトスターター(p.14)……おたま3杯分
ライ麦粉(ロッゲンメール ナチュラル)
　……300g
ライ麦全粒粉(ロッゲンメール パワー)
　……100g
水……500g

プンパニッケルのスポンジ種 L
→プンパニッケル(p.86)、
　ヘビープンパ(p.90)

a [
　ホワイトスターター(p.14)……おたま4杯分
　ライスターター(p.14)……おたま2杯分
　ライ麦粉(ロッゲンメール ナチュラル)
　　……400g
　全粒粉(DC全粒粉)……100g
　強力粉(ゆめかおり)……100g
　モルトエキス……少量
　水……800g
]
プンパニッケル*……300〜400g
水……200g

* 前日に焼いたプンパニッケルを使う。プンパニッケルがなければ、そのほかの天然酵母パンを使う。

1 容器に **a** を入れ、ヘラで混ぜる。
2 プンパニッケルはスライスし、幅1〜2cmに切る。水200gとともに**1**に加え、よく混ぜる。
3 冷蔵庫に一晩(7℃・15〜21時間)おく。

ライキャラウェイのスポンジ種 M
→ライキャラウェイ(p.92)

ホワイトスターター(p.14)……おたま4杯分
ライスターター(p.14)……おたま3杯分
ライ麦粉(ロッゲンメール ナチュラル)
　……400g
強力粉(ゆめかおり)……200g
水……500g

天然酵母のパンドミのスポンジ種 N
→天然酵母のパンドミ(p.108)

ホワイトスターター(p.14)……おたま6杯分
強力粉(ゆめかおり)……600g
水……600g

ブリオッシュスポンジ種 O
→ブリオッシュレーズン(p.119)

ホワイトスターター(p.14)……おたま4杯分
強力粉(はるゆたかブレンド)……580g
グラニュー糖……小さじ2
牛乳……200cc
水……400g

バイキングのスポンジ種 P
→バイキングのパン(p.128)、
　シリアルロール(p.131)

ホワイトスターター(p.14)……おたま4杯分
ライスターター(p.14)……おたま3杯分
強力粉(ゆめかおり)……400g
水……400g

フルーツバンドルのスポンジ種 Q
→フルーツバンドル(p.132)、
　フルーツホーン(p.136)

ホワイトスターター(p.14)……おたま4杯分
強力粉(ゆめかおり)……200g
全粒粉(DC全粒粉)……200g
グラニュー糖……小さじ4
牛乳……50cc
水……450g

くるみパンのスポンジ種 R
→くるみパン(p.146)、
　スパイシーチーズブレッド(p.166)

ホワイトスターター(p.14)……おたま3杯分
フランスパン用粉(ドヌール)……250g
全粒粉(DC全粒粉)……50g
水……300g

ホワイトサテンスポンジ種 S
→アップルシナモンピロウ(p.157)、芋南京
　小豆ピロウ(p.160)

ホワイトスターター(p.14)……おたま6杯分
強力粉(ゆめかおり)……500g
グラニュー糖……小さじ2
牛乳……470〜500g
水……200g

4. バームとビガ

ブレッド＆サーカスでは、発酵を促進し、生地の風味を高める目的で、「バーム」と「ビガ」と呼ぶ2種類の発酵種を使用しています。バームはもともとビール酵母からつくる発酵種のことをさしますが、ブレッド＆サーカスでは粉とホワイトスターターなどを合わせてつくった種をバームと呼んでいます。一方、ビガはイタリアで昔から使われている発酵種で、粉と微量のイースト、水を合わせてつくります。

ふっくら、口あたりのよい生地をつくるバーム

バームは材料をミキシングして一晩冷蔵発酵させた後、翌日に本ごねに使用します。ホワイトスターターを使用しているため、長くおくと酸味が出るので、仕込んだ翌日には使い切ります。

低温長時間発酵によってじっくり熟成されたバームを用いると、生地にぐっと深い味わいが加わります。ビガにくらべてよりふっくらとした食感が出せるのも特徴。そのため、生地そのものを味わうハード系パンや、具材が重くて膨らみにくいドライフルーツ入りのパンなどには、おもにバームを使用しています。

また、ライ麦パンの酸味をやわらげ、口あたりをよくする目的で生地に配合することもあります。

やわらかいクラストをつくり、酸味をおさえるビガ

ビガは、準強力粉と粉対比0.2％のインスタントドライイースト、水を合わせてつくります。バームと同様、風味や食感を高める効果がありますが、ビガのほうが薄く、やわらかなクラストに仕上がることから、おもに玄米トーストやくるみパンなど、皮を薄めに仕上げたい小さめのパンに使用しています。

また、酸味の出やすい全粒粉パンやライ麦パンの発酵を安定させたいときも、ビガを配合しています。ビガはバームとちがって長くおいてもほとんど酸味が出ないため、パンの酸味が強くなりすぎずにすむからです。ミキシング後は一週間冷蔵保存が可能です。

バームの仕込み方

配合は使うパンによっていろいろですが、ブレッド＆サーカスのパンにもっとも多く使われている基本のバームは粉100gに対して、ホワイトスターターおたま1杯の割合でミキシングしたものです。配合が違っても、仕込み方は共通です。

1　ミキサーボウルにホワイトスターターを入れ**A**、粉を加える**B**。
2　低速で1分、中速で1分、ミキシングする**C**。生地がまとまればよい。
3　密閉容器に入れ**D**、フタを閉めて常温に3時間おいた後、冷蔵庫で一晩（7℃・15〜21時間）ねかせる。
4　できあがり**E**。冷蔵で一週間保存可能。

ビガの仕込み方

ビガはほとんどのパンで共通のものを使っています。
下記分量のできあがり量は約6.2kgとなります。
一部、配合がちがうものもありますが、
仕込み方は同じです。

フランスパン用粉(特ラインゴールド)……4kg
インスタントドライイースト……8g
水……2.2kg

1 ミキサーボウルに材料をすべて入れ、低速で3〜4分ミキシングする F 。
2 密閉容器に入れ G 、20℃以下の場所に一晩(15〜21時間)おく。
3 約2倍に膨らんでいたらできあがり H 。
4 打ち粉をした台の上で数回折り込むようにこね I 、ひとまとめにする。

粉について

複数の粉を組み合わせて、バランスのとれた風味に。

　ブレッド&サーカスでは、強力粉、石臼挽き強力粉、フランスパン用粉、石臼挽き準強力粉、全粒粉、ライ麦粉、薄力粉など、10種類以上の粉をパンに合わせて使い分けています。パンごとに基本の配合は決めていますが、以前、製粉会社が急に廃業して、気に入って使っていた粉が一気に手に入らなくなって大変な目にあったことがありました。それ以来、粉のうちのどれかが急に手に入らなくなっても問題なくおいしいパンになるように、複数の粉を組み合わせて、味、香り、食感、ボリュームのバランスをとるようにしています。また、天候や種の状態によっては使う粉を変えてみたり。そうやって日々進化しています。止まってしまったら、そこでおしまいですから。

新しい粉を知るにはホワイトスターターに使う

　新しい粉をはじめて使うときには、まずホワイトスターターに加えて水溶けや風味、発酵具合などをチェックし、自家製酵母との相性のよしあしを判断します。粉がもたらす風味や食感の好みは人それぞれですから、いろいろな粉を試して、求める味わいが出せる粉をみつけることが大切だと思います。

本書で使っている粉

○強力粉
　ゆめかおり(笠原産業)
　スーパーフォルテ(鳥越製粉)
　はるゆたかブレンド(江別製粉)

○石臼挽き強力粉
　グリストミル(日本製粉)

○フランスパン用粉
　特ラインゴールド(柄木田製粉)
　ドヌール(鳥越製粉)

○石臼挽き準強力粉
　ムール・ド・ピエール(熊本製粉)

○全粒粉
　DC全粒粉(鳥越製粉)

○ライ麦粉
　ロッゲンメール ナチュラル(鳥越製粉)
　ロッゲンメール パワー(鳥越製粉)

○グラハム粉
　グラハム粉(日清製粉)

○薄力粉
　バイオレット(日清製粉)

本書を使う前に

凡例

○ブレッド&サーカスでは、スターターはおたまで計量している。計量に使用するおたまの容量は100cc。おたま1杯分の重量はスターターの状態によって異なるが、ホワイトスターターは100g前後、ライスターターは120g前後。全粒粉スターターは大さじ(15cc)で計量しており、重量の目安は25g前後。
○材料表の粉の後ろの(　)内は粉の銘柄名。
○レーズンは使う前に霧吹きで水をかけ、手でほぐしておく。
○バターは無塩を用い、特に記載がなければ使う前に常温においてやわらかくしておく。
○ナッツは特に記載がなければローストしたものを使用。
○仕上げにふる粉糖は泣かないタイプを使用。
○モルトエキスは「ユーロモルト」を、モラセスシロップは「ブレアラビット モラセスシロップ フルフレーバー(ダーク)」を使用。
○常温は25℃とする。
○発酵や焼成の時間や温度等は、厨房の環境にあわせて適宜調整が必要。
○大さじは15cc、小さじは5cc。

作業について

調整水

ミキシングの際は、まず最初に分量の水の2/3程度を加えて生地をこねはじめ、グルテンがある程度出たところで調整用の水を加える(足し水)。ブレッド&サーカスでは、霧吹きで少しずつ加えている **A**。足し水の目的は吸水を高め、つややかでしっとりとしたクラムに仕上げること。また、ブレッド&サーカスの3種類のスターターは、その時々で水分量が微妙に異なるため、足し水の量によって生地の水分量を調整する。

オートリーズ

オートリーズの際はミキサーボウルを布やビニールで覆うなどして生地が乾燥しないようにするとよい **B**、**C**。オートリーズ中にミキサーを使う必要がある場合は、生地をいったんミキサーボウルから取り出し、密閉容器に移してフタを閉めて常温におく。

パンチ&ラバタージュ

パンチ&ラバタージュの際、ブレッド&サーカスでは手粉の代わりに霧吹きで水をかけながら行う。目的は生地ののびをよくするとともに、吸水を高めるこ

と。生地がベタベタして「吹きすぎたかな」と思うくらいかけ、手のひらにも水をつけながら作業を行うと、徐々にグルテンが形成されて、生地にツヤと張りが出る。
また、ラバタージュは生地をしっかりと長くのばし、折りたたむことを繰り返す。こうすることでのびのよい美しい気泡が隅々まで入る。

発酵

生地を発酵させる際には、プラスティックの密閉容器を使用。生地を入れたら、フタを閉めて乾燥を防いでいる。

分割

発酵が終了した生地を容器から台に取り出す際は、パンチ&ラバタージュするパンは霧吹きで水を、それ以外のパンは生地の表面に粉をふる。その後、カードを生地と密閉容器の間に差し込んで生地を容器からはがし、台に取り出す。台には霧吹きで水を吹くか手粉をふっておく。分割の際は、生地をできるだけ傷めないように、仕上がりの大きさをイメージしながらスケッパーを垂直にさし込んで分割する。

丸め

自家製酵母種を使用した生地は、ふれればふれるほど、気泡がこわれて膨らみにくくなる。できるだけ生地内部のガスを抜かないようにやさしく丸め、生地の端を底に集めてしっかりととじるようにする。生地の天地を返さないように丸めることも重要。

丸め方（丸形・小）

1　生地を包むように手をかぶせる。
2　円を描くように生地を手前にころがして表面を張らせ、とじめを底に集める。

丸め方（丸形・大）

1　なめらかな面を上にして生地を置き、生地の中心を持って持ち上げ、生地の端を裏側に集める。
2　合わせ目を下にして生地を台に置き、両手で回転させて表面を張らせ、とじめを底に集める。

ベンチタイム

ビニールで覆うか、密閉容器に入れてフタを閉め、生地の乾燥を防ぐ。

CHAPTER

1

THE
SIMPLE BREAD
シンプルなパン

BOULE ブール

白い粉だけでつくるシンプルな丸パン。味わい深く、
もちもちとした食感で誰にとっても食べやすい。
酵母には、準強力粉や中力粉で種継ぎする液種
「ホワイトスターター」を使用。ホワイトスターターでつくる
生地種「バーム」を加えることで、のびのある気泡が生まれる。

ブールは「ボール」という意味のフランス語で、
ブーランジェの語源になったパンです。
とても大切な基本のパンいうことですな。
どういう食べ方にも耐えうるパンにしよ思て、つくりました。
どんな風に焼いても、なに塗っても、なにのっけてもおいしいパンです。
トースターで焼いても、直火でこんがり網焼きしても、
オーブンでカリカリになるまで焼いてもいいし、
小さく切ったタクアンのせてもよくあいます。
もちろん、そのまま食べても、バター塗ってもいい。
このパンにはバーム使ってます。
バーム使うと大きめのぐーっとのびのよい気泡ができます。
スライスした断面に、ちょっと水をたらしたら、水がしみ込まずに、
気泡の壁を伝ってすーっと下に落ちていくようなきれいなクラムです。
匂いもね、たまりませんよ。(五郎)

パン屋をやるなら欠かせないパンだと思って、
開店当初から並べています。これがおいしくなければ、
ほかのパンがいくらおいしくてもしょうがないという点では
食パンと通じるものがあります。
そういう気持ちで毎日つくっているパンです。(康子)

BOULE ブール

Ingredients 材料

直径18cm・11〜12個分

スポンジ種(仕込み方→p.18)
- ホワイトスターター(p.14)……おたま6杯分
- フランパン用粉(特ラインゴールド)……600g
- 水……600g

バーム(仕込み方→p.20)
- ホワイトスターター(p.14)……おたま10杯分
- フランスパン用粉(特ラインゴールド)……1kg

- フランスパン用粉(ドヌール)……1kg
- フランスパン用粉(特ラインゴールド) **a** ……1kg
- モルトパウダー……小さじ1.5
- 水……800〜900g

塩……64g

Method 工程

1 ミキシング

→ ミキサーボウルにスポンジ種、こぶし大にちぎったバーム、**a** の材料を入れて、低速3分

→ オートリーズ30分

→ 塩を加えて、中速2分・低速3〜5分

→ こね上げ温度17℃

バームは混ざりやすいよう、ちぎって加える **A**。生地がまとまり、ミキサーからはなれるようになったら **B**、オートリーズをとる。透けるくらい薄くのばしても生地が切れなくなれば、ミキシング完了 **C**。

2 発酵・パンチ

→ 常温約1時間 → パンチ(1回目)

→ 常温40分 → パンチ(2回目)

→ 常温40分 → パンチ(3回目) → 常温40分

パンチの手順は下記の通り。

1 手前から奥へ巻き上げるように数回折りたたみ、全体を手で押す。
2 真ん中を持ち上げて二つ折りにし、全体を押す。
3 生地をまとめ、とじ目を下にして密閉容器に入れ、全体を押す。

1、2回目のパンチは生地をいためないようにふわっと軽く押し、3回目は少し強めに押す。3回目のパンチの際、発酵がうまくすすんでいればきゅっきゅっと空気の出る音がする。
写真は、パンチ前の生地 **D**、パンチ1回目 **E**、2回目 **F**、3回目 **G**。パンチするたびに、コシと弾力が増す。生地が約2倍に膨らんだら発酵終了。

3 分割・丸め・ベンチタイム

→ 600g **H** → 丸形 **I** → 常温15分

4 成形

→ 丸形

丸めなおす **J**。布にのせ **K**、上に膨らみすぎるのを防ぐため、手の平で軽く押さえる。

5 最終発酵

→ ホイロ(33〜34℃・75%)で90分

生地の直径が約3cm大きくなったら発酵完了。

6 焼成

→ クープ(格子状)

→ 上火250℃・下火220℃で38分(スチーム3回)

ライ麦粉をふり、格子状にクープを入れる **L**。スチームは窯入れ直後、10分後、20分後の3回。

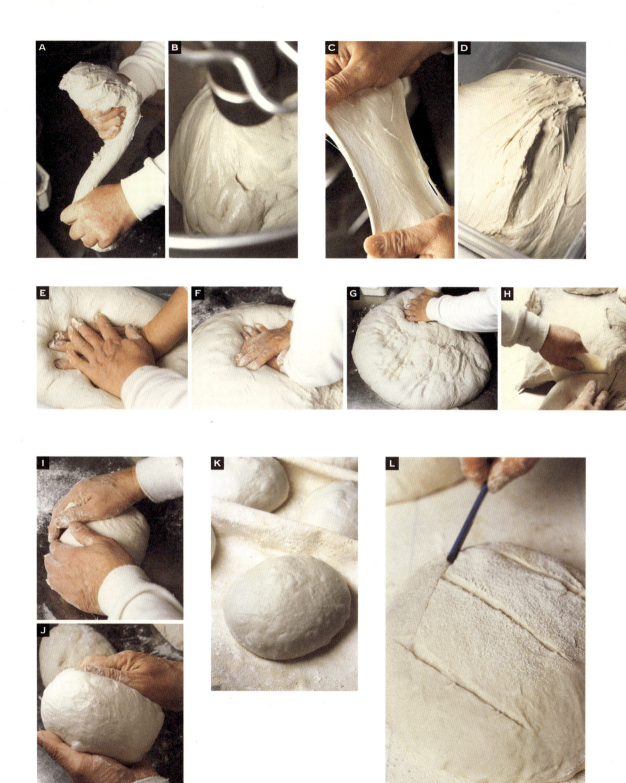

REAL CAMPAGNE
リアルカンパーニュ

きっちりと焼きこみ、厚くてしっかりとした
クラストをつくったカンパーニュ。クラムはむっちりとして、
かむほどに小麦のうまみがにじみ出る。
「リアル」の語はカンパーニュの決定版という意味をこめて
つけたもの。ひも状にのばした飾り生地を十字に巻き、
飾り生地とその横に計11本のクープを入れて
印象的なデザインに。

昔、よく行っていた青山のイタリア料理店で、あるとき小さな男の子に
会いましてね。将来はイタリアンのシェフになりたいと言うから
「頑張れよ」と言ったんです。そしたら、20年くらいして
本当に有名なシェフになってね。
「皮のしっかりしたカンパーニュをつくってほしい」、と言われたんで
つくりました。そういういきさつで生まれたパンです。(五郎)

目指したのは日本人好みのカンパーニュです。それってつまりは
「カンパーニュの決定版」だなと思って、リアルカンパーニュという
名前に。しっとりとしていて、味わいがあるけれど、くせはない、
誰にでも愛されるカンパーニュにしたかったので、ライ麦粉と全粒粉は
本ごねには使わず、スポンジ種のみに使っています。
ライ麦粉と全粒粉の総量は、本ごねに使う粉の$1/5$ほどとし、
前面に出すぎないけれど味わいの感じられる生地に。
本ごねには石臼挽き粉、フランスパン用粉を同量ずつ使っています。
私の母は高齢ということもあり、普段はハード系のパンは
好まないのですけれど、このパンでつくったBLTEサンドは、
すごくおいしいと全部食べてくれました。何をはさんでもおいしく、
カンパーニュを食べつけない日本人にも
おいしさが感じられるパンです。(康子)

REAL CAMPAGNE リアルカンパーニュ

Ingredients 材料

直径19〜21cm・8個分

スポンジ種(仕込み方→p.18)
- ホワイトスターター(p.14)……おたま6杯分
- 全粒粉(DC全粒粉)……150g
- ライ麦粉(ロッゲンメール ナチュラル)……450g
- 水……600g

バーム(仕込み方→p.20)
- ホワイトスターター(p.14)……おたま10杯分
- フランスパン用粉(特ラインゴールド)……1kg
- 石臼挽き強力粉(グリストミル)……1kg ┓ a
- フランスパン用粉(ドヌール)……1kg
- モルトエキス……大さじ2
- 水……850g〜1kg

塩……64g

Method 工程

1 ミキシング

➡ ミキサーボウルにスポンジ種、こぶし大にちぎったバーム、**a**を入れ、低速8分

➡ オートリーズ20〜30分

➡ 塩と水少量(分量外)を加え、中速2分・低速3分

➡ こね上げ温度17℃

生地にツヤとしっかりとした粘りが出たらミキシング完了**A**。持ち上げるとよくのび、しっかりと粘りのある状態**B**。

2 発酵・パンチ

➡ 常温1時間 ➡ パンチ(1回目) ➡ 常温1時間

➡ パンチ(2回目) ➡ 常温1時間 ➡ パンチ(3回目) ➡ 常温1時間

パンチの手順は下記の通り。

1. 手前から巻き上げるように数回折りたたみ、全体を手のひらで押す。
2. 生地の真ん中を持ち上げ、生地が自然にたれるにまかせて二つ折りにして**C**、全体を手のひらで押す**D**。
3. 1〜2を数回繰り返す。生地がかたすぎたりやわらかすぎたりするときは、回数を増やす。

3 分割・丸め・ベンチタイム

➡ 800g(本体600g+飾り用200g) ➡ 丸形 ➡ 常温30分

800gに分割したら、そのうち200gを飾り用に切り分ける。本体用の600gと飾り用の200g、いずれも丸め**E**、ベンチタイムをとる。

4 成形

➡ 丸形(本体)+ひも状(飾り用)

➡ 丸形にひも状の生地を十字にかける

本体の生地は丸めなおす。飾り用の生地は2分割し、長さ約30cmのひも状にのばす**F**。2本を十字に重ね**G**、その上に本体の生地をとじ目を下にして置く。ひも状の生地の端を上で重ね、指でつまんでとじる**H**。

5 最終発酵

➡ ホイロ(33〜34℃・75%)で35〜40分

飾り生地のとじ目を上にして布にのせ、発酵をとる。生地の直径が約3cm大きくなったら発酵終了。

6 焼成

➡ 上火250℃・下火220℃で35〜40分(スチーム3回)

飾り生地のとじ目を上にしたままスリップベルトに移し、強力粉をふる。飾り生地の中心線上と両脇に1本ずつクープを入れる**I J**。スチームは窯入れ直後、10分後、20分後の3回。

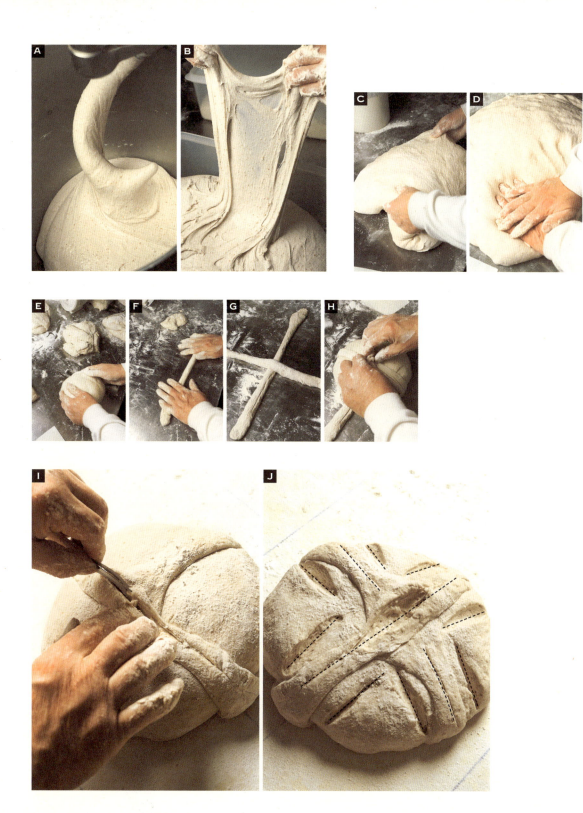

CALIFORNIA SOFT カリフォルニアソフト

クラストは薄くてパリッと香ばしく、
クラムはみっしりと詰まっているがふんわりと口どけがよい。
ハード系パンを食べなれない人にも親しみやすい、
やわらかな食感とやさしい味わいが特徴の「ソフトなハード系パン」。

ソフトな食感だけれども、ハード系。ようするに強力粉でつくる
ハード系パンです。食感がいいんですよね。だから、いつも一番先に
売れています。もともとは「コモ湖のフラットパン」(p.48)と同じく
イタリアパンでした。うちのコモ湖のフラットパンは
めちゃめちゃにクープを入れてほどよく空気を抜いていますが、
カリフォルニアソフトは同じような生地を表面を美しくととのえて、
ふっくらと焼き上げるというイメージでつくりました。
ととのえるといっても、あまりきれいに丸めてしまうと
焼き上がりの表情が出ないので、ぱっぱっと端を丸め込むくらいの
丸めかたにするとよいです。(五郎)

もともとはオリーブオイル入りのイタリアパンでしたが、
健康のためには油を控えたほうがよいという風潮があった頃、
オイル入りならば買わないといわれることが多く、オイルを抜いて
つくるようになったものです。こんがりと焼き色をつけ、強力粉を
使用することでソフトな口あたりに。糖分が出やすいよう、こね上げ温度は
高めにし、水分も多めにしています。完成したときに「これはハード系パンの
入り口になる」と思いました。日ごろは食パンを主に召し上がるという方にも
抵抗なくお召し上がりいただけるパンだと思います。「食欲がなくても
食べれるのよね、これは」とおっしゃるお客さまが多いです。世の中に、
なんでもないふつうのもので自分にぴたっとくるものって、
少ないですよね？ このパンが、誰かにとって
そういう存在になってくれたらうれしいです。(康子)

California Soft カリフォルニアソフト

Ingredients 材料

長径18〜19cm・10個分

イタリアンスポンジ種(仕込み方→p.18)
　　　…下記より1025g
　┌ ホワイトスターター(p.14)…おたま6杯分
　│ 強力粉(ゆめかおり)…600g
　└ 水…1.5kg
　┌ ホワイトスターター(p.14)…おたま1.5杯分
　│ 強力粉(ゆめかおり)…2.5kg
a │ 強力粉(スーパーフォルテ)…1kg
　│ モルトエキス…大さじ1
　└ 水…1750〜1850g
塩…55g

Method 工程

1 ミキシング

➡ ミキサーボウルにスポンジ種とaを入れ、低速3分

➡ 塩を加え、低速3分・中速2分

➡ こね上げ温度24℃

水が全体にまわったらA、塩を加える。こねすぎると引きが強くなりすぎ、ざっくりとした生地にならないので、ボソボソとした状態でミキシング完了B。こね上げ温度は24℃。

2 発酵・復温

➡ 冷蔵庫で一晩(7℃・15〜21時間)

➡ 常温1時間

約1.5倍に膨らんだら発酵終了。発酵前C、後D。

3 分割・成形

➡ 600g ➡ 丸形

端を下に引っ張って表面を張らせ、台の上で丸めるE〜I。

4 最終発酵

➡ ホイロ(33〜34℃・75%)で2時間

生地が約1.5倍に膨らんだら発酵終了。発酵前J、後K。

5 焼成

➡ クープ1本

➡ 上火250℃・下火220℃で40〜50分(スチーム2回)

生地をスリップベルトに移し、強力粉をふる。クープはナイフをややかたむけて生地に差し込み、中央に弧を描くように入れるL。深さは約5cm。スチームは窯入れ直後と10分後の計2回。

Stone ground flour Campagne

石臼挽きカンパーニュ

カナダ産石臼挽き強力粉にライ麦粉と
全粒粉を合わせて、うまみ、香りをプラス。
クラストはカリっと香ばしく、
クラムはふっくら、もっちりと焼き上げる。
生地はやわらかくしっとりとして、
酸味がほとんどなく、食べやすい。

プールの生地に全粒粉を入れてみたら
どうかな、と試してみたのがはじまりです。
ライ麦粉やグラハム粉を加えたりと
配合を工夫するうちに石臼挽きの
強力粉が主役のパンになりました。
カンパーニュいうんは、田舎のパン
ということです。昔からほうぼうの田舎で
つくっていたような素朴なパンはみんな
カンパーニュなんだから、いろんな味や
形があっていいわけです。それで、
こういう形のカンパーニュがあっても
おもしろいんじゃないかと
バタールのように成形してます。
おいしいし、お客さんにはうけますけど、
パーッと膨らんできれい過ぎるから、
僕はこのパン、あんまり好きやないんです。
あまりにもきれい過ぎるんで、
いい格好するなよと言いたくなるんです。
(五郎)

私は好きですよ。カナダ産小麦を
使用しているので、皮がカリカリっと、
生地はふわっと焼き上がります。
もっちりと、ざっくり、その両方が
あるという感じです。オリーブオイルに
浸すだけでおいしいし、パテや
リエットとも相性ばっちりです。(康子)

Stone ground flour Campagne 石臼挽きカンパーニュ

Ingredients 材料

長さ28〜29cm・12個分

スポンジ種（仕込み方→p.18）
- ホワイトスターター（p.14）……おたま6杯分
- フランスパン用粉（ドヌール）……300g
- グラハム粉……300g
- 水……600g

バーム（仕込み方→p.20）
- ホワイトスターター（p.14）……おたま10杯分
- フランスパン用粉（特ラインゴールド）……1kg

a
- 石臼挽き強力粉（グリストミル）……700g
- ライ麦粉（ロッゲンメール ナチュラル）……500g
- グラハム粉……300g
- モルトパウダー……20g
- 水……900g

塩……64g
水……100g

Method 工程

1 ミキシング

➡ ミキサーボウルにスポンジ種、ちぎったバーム、**a**を入れ、低速2分 ➡ オートリーズ20分

➡ 塩と水（100g）を加え、低速30秒・中速1分

➡ こね上げ温度20℃

オートリーズ前**A**、後**B**。のびのよい生地になれば、ミキシング完了**C**。

2 発酵・パンチ

➡ ホイロ（33〜34℃・75%）で30分

➡ パンチ&ラバタージュ（1回目） ➡ ホイロ（33〜34℃・75%）で30分

➡ パンチ&ラバタージュ（2回目） ➡ ホイロ（33〜34℃・75%）で30分

パンチ&ラバタージュの手順は下記の通り。

1. 生地の表面、台の上、手のひらに霧吹きで水をたっぷりとかけ、生地を台に取り出す。
2. 両手のひらを重ね、生地全体をまんべんなく押して大きな気泡をつぶす。三つ折りにして、再度全体を押す。（パンチ）
3. 生地の端をもち、生地を傷めない程度に引っ張って約2倍の長さにのばす。三つまたは四つに折りたたみ、全体を押す。（ラバタージュ）
4. 生地を二つ折りにして密閉容器に戻す。

パンチ&ラバタージュ1回目**E**〜**I**にくらべ、2回目**J**〜**N**ではコシが出て弾力が増している。生地の写真は最初の発酵前**C**、後**D**／1回目のパンチ&ラバタージュ後の発酵前**O**、後**P**／2回目のパンチ&ラバタージュ後の発酵前**Q**、後**R**。生地が発酵前**C**の約2倍に膨らめば、発酵終了**R**。

3 分割・成形

➡ 600g ➡ なまこ形

成形の手順は下記の通り。

1. 生地を麺棒で楕円形にのばす**S**。
2. 両端が中央で少し重なるように折り、合わせ目を押さえてとじる**T**。
3. 二つ折りにし、合わせ目を手のひらの付け根で押さえてとじる**U**。
4. 転がして長さ23〜25cmのなまこ形にととのえ**V**、布にのせる。

4 最終発酵

➡ ホイロ（33〜34℃・75%）で30分

ひとまわり大きくなれば、発酵終了。発酵前**W**、後**X**。

5 焼成

➡ クープ1本

➡ 上火215℃・下火220℃で36分（スチーム1回）

生地をスリップベルトに移し、ライ麦粉をふる。クープは中央にやや弧を描くように入れる**Y**。深さは4〜5mm。スチームは窯入れ直後に1回。

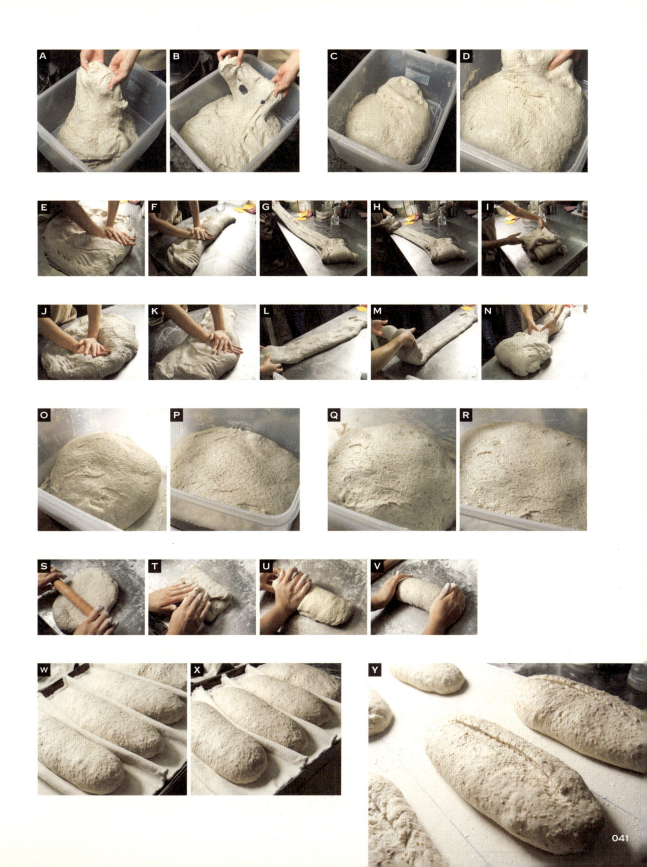

POTATO CROWN
ポテトクラウン

北欧にルーツを持つパン。生地にゆでたジャガイモを練り込み、
水の代わりにジャガイモのゆで汁でこねて
リング形に焼き上げている。1500gに分割して
大きく焼くことで皮はバリッと香ばしく、
中はしっとりとした食感に仕上がる。

このパンはアメリカ・フィラデルフィアのベーカリーではじめて見ました。
ちょうどスカンジナビア料理に興味があった頃で、
アメリカのレシピ本か、フランスでパンが包まれていた新聞紙かに
レシピがのっていたのでそれを参考にしてつくってみたんですけれど、
いかんせん大きくて。お客さまには「ブーブークッションみたい！」とか、
「大きいドーナツ？」なんて言われました。小さいサイズで焼いてみたことも
ありましたけれど、おいしくなかったです。この大きさで焼くから、
皮がバリッとしっかり焼けて、皮に閉じ込められた中身が
もちっとなってくれるんです。「おいしくて、安くて、日持ちのするパン」が
コンセプトのブレッド＆サーカスには大きいパンが多いですが、
このパンはなかでも格別。大きく分割して、
しっかり焼くことで日持ちもよくなります。(康子)

このパンはスープと食べるのが一番おいしいです。
うちでよくつくるスープは、じっくり炒めた鶏肉と玉ネギを
朝から晩まで煮込んで、最後にトマトとジャガイモを入れたもの(p.191)。
これと一緒に食べると、ものすごくおいしいですよ。(五郎)

POTATO CROWN ポテトクラウン

Ingredients 材料

外径30cm・内径9〜11cm　3個分

スポンジ種(仕込み方→p.18)
　ホワイトスターター(p.14)……おたま2杯分
　強力粉(ゆめかおり)……300g
　水……400g

a ┌ 強力粉(特ラインゴールド)……1.5kg
　│ ゆでたジャガイモ……中2個半(約250g)
　│ ジャガイモのゆで汁……1リットル
　└ ハチミツ……大さじ2

ジャガイモのゆで汁……250〜300cc
塩……32.5g

ジャガイモは水からゆで、火が通ったら皮をむいてつぶしておく。ゆで汁は取りおいて生地をこねるのに使う。

ジャガイモのゆで汁。冷ましてから使う。

Method 工程

1 ミキシング

→ ミキサーボウルにスポンジ種と a を入れ、低速30秒
→ ジャガイモのゆで汁(250〜300cc)を加え、低速2分
→ 塩を加え、低速2分・中速2分
→ こね上げ温度21℃

ジャガイモのゆで汁(250〜300cc)はいきなり全量を加えず、生地の状態を見ながら少しずつ加える。生地がひとまとまりになれば、ミキシング完了。

2 発酵・パンチ&ラバタージュ

→ ホイロ(33〜34℃・75%)で20分 → パンチ&ラバタージュ(1回目)
→ ホイロ(33〜34℃・75%)で20分 → パンチ&ラバタージュ(2回目)
→ ホイロ(33〜34℃・75%)で20分 → パンチ&ラバタージュ(3回目)
→ ホイロ(33〜34℃・75%)で30分

パンチ&ラバタージュの手順は以下の通り。

1　生地の表面、台の上、手のひらに霧吹きで水をたっぷりとかけ、生地を台に取り出す。
2　両手のひらを重ね、生地全体をまんべんなく押して大きな気泡をつぶす。三つ折りにして、再度全体を押す。(パンチ)
3　生地の端をもち、生地を傷めない程度に引っ張って約2倍の長さにのばす。三つまたは四つに折りたたみ、全体を押す。(ラバタージュ)
4　生地を二つ折りにして密閉容器に戻す。

最初の発酵前 **A**、後 **B**。パンチ1回目 **C**〜**G** にくらべて、2回目 **H**〜**J** は、生地のツヤが増し、のびのよいなめらかな状態。生地の写真は1回目のパンチ&ラバタージュ後の発酵前 **K**、後 **L** ／2回目のパンチ&ラバタージュ後の発酵前 **M**、後 **N**。生地が発酵前 **A** の約2倍に膨らめば、発酵終了 **N**。

3 分割・丸め

→ 1500g → 丸形

4 最終発酵

→ ホイロ(33〜34℃・75%)で1時間

生地がひとまわり大きくなったら、発酵終了。発酵前 **O**、後 **P**。

5 成形・焼成

→ リング形
→ クープ4本
→ 上火250℃・下火220℃で33〜35分(スチーム2回)

生地をスリップベルトに移し、ライ麦粉をふる。中央に手で穴をあけ **Q**、穴の内側の生地を下から外側へ向かって引っぱって穴の形をととのえ **R**、穴の直径を8cm程度に広げてリング形にする。クープは十字を描くように90°間隔で4本入れる **S**。スチームは窯入れ直後と10分後の2回。

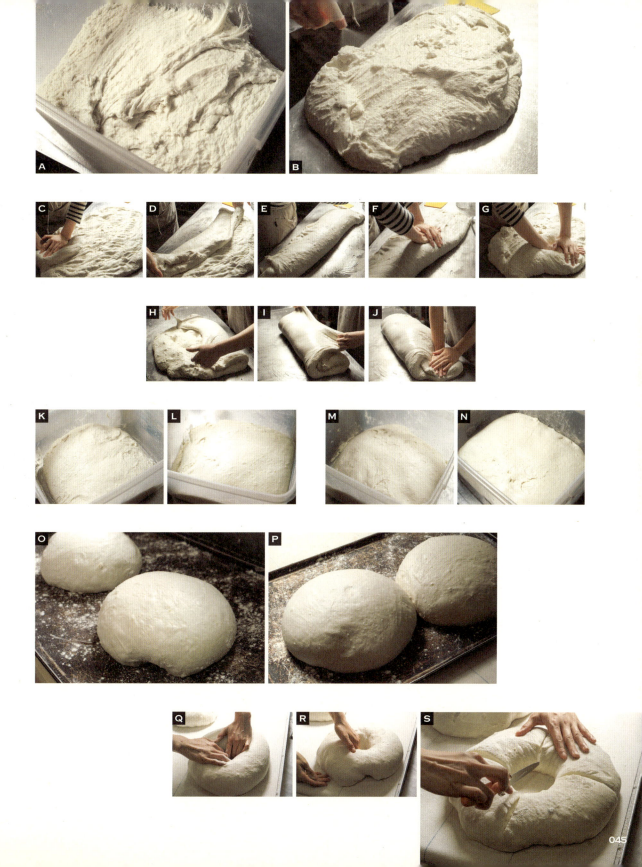

ENGLISH MUFFIN
イングリッシュマフィン

分厚く焼き上げて、むっちり、ふっくらとした食感に。コーングリッツに加え、ヒマワリの種もトッピングする。シンプルな味わいながら、少量加えた全粒粉やライ麦粉、メープルシロップが複雑なコクを生み、どんな料理にもよく合う。

エッグベネディクトに合うイングリッシュマフィンをつくりたくて、ふわっと厚みのあるパンに仕上げました。天然酵母でつくるので、「むにゅっと感」もしっかりと感じられます。焼かずにそのままかじってもおいしいですし、カリカリにトーストしてバターとハチミツを塗ったり、リンゴとグラノーラをのせてハチミツをかけたりと甘くしてもよいし、きんぴらごぼうや沖縄料理のにんじんしりしりなどの野菜料理にもぴったり。しらす干しをのせて、レモンをギューッと絞ってもおいしいです。(康子)

Ingredients 材料

直径9cm×高さ5cmのセルクル10個分

スポンジ種(仕込み方→p.18)
  ホワイトスターター(p.14)‥‥おたま1杯分
  強力粉(ゆめかおり)‥‥125g
  ライ麦粉(ロッゲンメール ナチュラル)‥‥35g
  牛乳‥‥200cc
  グラニュー糖‥‥小さじ1

ⓐ ⎡ 強力粉(ゆめかおり)‥‥500g
   全粒粉(DC全粒粉)‥‥25g
   メープルシロップ‥‥大さじ1.5
   オリーブ油‥‥大さじ1.5
  ⎣ 水‥‥220g

塩‥‥9g
水‥‥約300g
ヒマワリの種‥‥50g+適量
コーングリッツ‥‥適量

Method 工程

1 ミキシング

→ ミキサーボウルにスポンジ種とⓐを入れ、低速30秒
→ 塩と水(約300g)を加え、低速4分・中速2分
→ ヒマワリの種(50g)を加え、低速30秒
→ こね上げ温度25℃

塩とともに加える水(約300g)はいきなり全量加えたりせず、生地の状態を見ながら少しずつ加える。のびのよいつややかな生地になったら**A**、ヒマワリの種を加える。全体に均一に混ざったらミキシング完了。

2 発酵

→ 冷蔵庫で一晩(7℃・15〜21時間)

生地が約2倍に膨らんだら発酵終了。発酵前**B**、後**C**。

3 分割・成形

→ 130g → 丸形 → セルクル

天板にセルクルを並べ、中にコーングリッツを敷く**D**。そこに、丸めた生地**E**を、とじ目を下にして入れる**F**。

4 最終発酵

→ ホイロ(33〜34℃・75%)で1時間

生地の中心がセルクルの縁よりも高い位置まで膨らんだら発酵終了

5 焼成

→ 180℃・18分

生地にヒマワリの種を5〜6粒ずつのせ**G**、コーングリッツをふる。天板をセルクルにかぶせてフタとし**H**、コンベクションオーブンで焼成する。焼き上がったら天板とセルクルをはずす。

LAKE COMO BREAD
コモ湖のフラットパン

チャバタのルーツであるイタリアの田舎パンを
アレンジ。ライ麦や全粒粉を加えたスポンジ種と、
微量のイーストでつくる生地種・ビガを使うことで、
もっちりとしていながら歯切れがよく、
口あたりがやさしいパンに。

イタリア北部のコモ湖周辺に昔から受け継がれてきたパンで、チャバタやフランスパンの原型とされています。イタリアでは小麦粉に微量のイーストと水を加えてつくる発酵種「ビガ」を加える場合が多いようです。うちではビガだけでなく、ホワイトスターターでつくったスポンジ種を合わせて使い、味に奥行きを出しています。この生地はもっちり、しっとりとして口なじみがよいのが特徴。ポテトクラウン(p.42)の生地を使ってつくっても、近い口あたりになっておいしいです。(康子)

Ingredients 材料

直径20cm・9個分

スポンジ種(仕込み方→p.18)
　ホワイトスターター(p.14)……おたま4杯分
　強力粉(ゆめかおり)……500g
　全粒粉(DC全粒粉)……50g
　ライ麦粉(ロッゲンメール ナチュラル)……50g
　水……800g
ビガ(仕込み方→p.21)
　強力粉(ゆめかおり)……1.5kg
　全粒粉(DC全粒粉)……75g
　ライ麦粉(ロッゲンメール ナチュラル)……75g
　イースト液*……大さじ1
　水……950g
　強力粉(ゆめかおり)……500g
a モルトエキス……大さじ1
　水……300g
水……100g+適量
塩……45g

＊インスタントドライイースト1gをぬるま湯(40℃)1kgで溶いたもの。

Method 工程

1 ミキシング

➡ ミキサーボウルにスポンジ種と **a** を入れ、低速3〜4分
➡ こぶし大にちぎったビガを加える
➡ 水(100g)を加えながら低速2分・中速5分
➡ オートリーズ20分
➡ 水(少量)を加え、中速4〜5分
➡ 塩と水(少量)を加え、中速3分
➡ こね上げ温度21℃

全体がなじんでからビガを加える。ビガが混ざってなめらかな状態になったらオートリーズをとる。オートリーズ後、塩を加える前に少量の水を加えてこね、**A** の状態になったら塩を加える。やわらかく、弾力のある生地になったらミキシング完了 **B**。

LAKE COMO BREAD コモ湖のフラットパン

Method 工程

2 発酵・パンチ&ラバタージュ

→ ホイロ(33〜34℃・75%)で20分 ➡ パンチ&ラバタージュ(1回目)
→ ホイロ(33〜34℃・75%)で20分 ➡ パンチ&ラバタージュ(2回目)
→ ホイロ(33〜34℃・75%)で20分 ➡ パンチ&ラバタージュ(3回目)
→ ホイロ(33〜34℃・75%)で20分 ➡ パンチ&ラバタージュ(4回目)
→ ホイロ(33〜34℃・75%)で1時間半〜2時間

パンチ&ラバタージュの手順は下記の通り。

1 生地の表面、手のひら、台の上に霧吹きで水をたっぷりとかけ、生地を台に取り出す。
2 生地の端を持ち上げてのばし、三つ折りにし、両手を重ねて全体を押すことを3〜4回繰り返す。
3 容器に戻して全体を押す。

1、2回目のパンチ&ラバタージュは軽く生地をゆらすように刺激して発酵をうながすイメージ **C**。3回目は通常の強さで行い **D**、4回目はしっかりとガスを抜く **E**。生地が発酵前の約2倍に膨らんだら発酵終了。**F** は発酵・パンチ&ラバタージュ前、**G** は後。

3 分割・丸め・ベンチタイム

→ 600g ➡ 丸形 ➡ 常温15分

分割前に生地を二つ折りにし、全体を軽く押してガスを抜く。

4 丸め・ベンチタイム

→ 丸形 **H** ➡ 常温15分

I はベンチタイム終了後。

5 成形・最終発酵

→ 丸形 ➡ バヌトン ➡ ホイロ(33〜34℃・75%)で約1時間

生地は二つ折りして丸めなおし **J**、とじ目を上にしてバヌトンに入れる **K**。

6 焼成

→ クープ
→ 上火260℃・下火225℃で40〜45分(スチーム2回)

表面にライ麦粉をふり、バヌトンを逆さにして生地をスリップベルトにのせる。クープは、ナイフを浅くひっかけるようにして、できるだけめちゃめちゃな形に入れるとよい **L**。クープを入れたら、ライ麦粉をふる。スチームは窯入れ直後と10分後の2回。

FENDUE　フェンドゥ

コモ湖のフラットパン（左記）かポテトクラウン（p.42）の生地を棒状にのばし、ひねって焼く。生地にひねりが加わることでクラムがむっちりと豊満な食感に。クラストは薄めながらカリッと歯ごたえが楽しめる。

同じ生地でも、ふわっと広がった状態で焼くポテトクラウンやコモ湖のフラットパンとは食感がだいぶちがいます。パンって、生地の中に小さな風船がいっぱいあるようなもの。ひねって圧をかけると風船がふくらまず、むにむにとした噛みごたえのあるパンになります。厚切りにして、カリッと焼いてハチミツとバターをたっぷりとかける「ハチバタ」がおすすめです。噛むとハチミツとバターがじゅわっとあふれ出ます。(康子)

Method　工程

- ➡ 500gに分割　➡ 棒状に成形
- ➡ ホイロ（33〜34℃・75%）で20分
- ➡ 生地をひねる
- ➡ 上火250℃・下火220℃で25分
  （スチーム1回）

ホイロにおいた生地がゆるんだら、スリップベルトに移し、強力粉をふる。生地を持ち上げて180°ひねってはおく、というのを繰り返し、端から少しずつひねる。

CHAPTER

2

THE WHOLE WHEAT BREAD

全粒粉のパン

DESUM デイズム

粉は全粒粉とライ麦粉を、スターターには全粒粉スターターと
ライスターターを用い、クセのある粉の風味、
うまみを心ゆくまで堪能できるパンに。
粉の強い個性を和らげるためにバルサミコ酢や味噌で
コクのある酸味を加え、さらにモラセスやハチミツで
甘いコクを添えている。濃厚でありながら食べやすい。

「デイズム」という言葉をはじめて知ったとき、
なんてかっこいい響きだろうと思って、
いつかこの響きにふさわしいパンができたら、デイズムと名づけよう と
決めていました。たしか、古フランダース語で「種＝スターター」を
意味する言葉だと、どこかで見たように思います。
私は全粒粉のパンが大好きで。どこか遠い国の田舎で、
おばあちゃんが戸棚の奥から取り出してきた種で
よっこらしょっとつくるような、毎日食べられる全粒粉パンを
つくりたいと思いました。ただ、全粒粉をたくさん使うと、
緩和しなければならない、とんがった味というのが出てきます。
アクの強い、きしむような感じの味です。バターを加えれば、
ある程度は解決すると思います。でも、こってりとした油脂ではなく、
酸味や熟成されたコクで全粒粉のえぐみをやわらげたかったので、
まずはサワークリームを加えてみたんですが、
まだ酸味が足りない感じがしたので、より酸味とコクの強い
バルサミコ酢に変え、さらに味噌も少し足しました。
醤油も試してみたのですが、不思議と味噌のほうがすんなりとなじみました。
そのまま食べても、サンドイッチにしてもおいしいパンです。
固くなったら薄く切ってオリーブオイルを塗り、パラッと塩をふって
オーブンでカリカリに。おせんべいみたいでおいしいチップスになります。
薄く切ってオリーブオイルで炒めると、お肉のような食感、味わいになり、
チャーハンに入れてもおいしいです。（康子）

DESUM デイズム

Ingredients 材料

長さ20〜22cm・9個分

デイズム&ウクライナのスポンジ種
　（仕込み方→p.18）
　｜ホワイトスターター(p.14)…おたま2.5杯分
　｜ライ麦粉(ロッゲンメール ナチュラル)…250g
　｜全粒粉(DC全粒粉)…175g
　｜強力粉(ゆめかおり)…75g
　｜水…300g
バーム(仕込み方→p.20)
　｜ホワイトスターター(p.14)…おたま10杯分
　｜フランスパン用粉(特ラインゴールド)…1kg
　┌ ライスターター(p.14)…おたま1杯分
　｜全粒粉スターター(p.14)…大さじ3
　｜強力粉(ゆめかおり)…200g
　｜ライ麦粉(ロッゲンメール ナチュラル)
ⓐ｜　…130g
　｜赤味噌…135g
　｜モラセスシロップ…90g
　｜ハチミツ…45g
　└ バルサミコ酢…21g
塩…19g

Method 工程

1 ミキシング

- ➡ ミキサーボウルにスポンジ種、こぶし大にちぎったバーム、ⓐを入れ、低速2分
- ➡ 塩と水少量(分量外)を加え、低速30秒・中速3分
- ➡ こね上げ温度21〜22℃

生地がなめらかになり、ツヤが出たらミキシング完了。

2 発酵

- ➡ ホイロ(33〜34℃・75%)で1時間

生地がひとまわり大きくなったら発酵終了。発酵前 A 、後 B 。

3 分割・丸め・成形

- ➡ 350g ➡ 丸形 ➡ なまこ形

成形の手順は下記の通り。

1. 丸めた生地を手でつぶして大まかにのばし、麺棒で楕円形にのばす C 。
2. 端が中央で少し重なるように折り、合わせ目を指先で押さえてとじる D 。
3. 手前を少し残して二つ折りにし、合わせ目を手のひらの付け根で押さえてとじる E 。
4. とじ目を下にして生地を転がし、長さ20mの棒状にする F 。

4 最終発酵

- ➡ ホイロ(33〜34℃・75%)で1時間

生地がひとまわり大きくなったら、発酵終了。発酵前 G 、後 H 。

5 焼成

- ➡ クープ
- ➡ 上火220℃・下火220℃で30〜35分(スチーム2回)

生地をスリップベルトに移し、ライ麦粉をふる。クープは深さは約1cm。中央にまっすぐ入れた後、その上にハの字、下にU字に入れる I 。スチームは窯入れ直後と10分後の計2回。

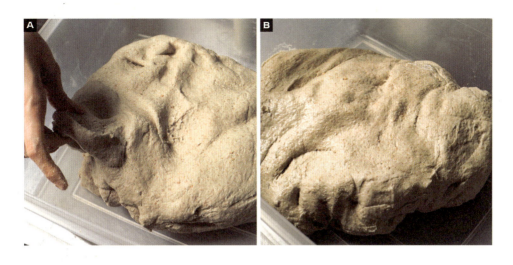

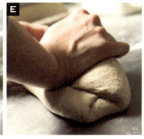

Convent Bread
(Whole wheat and Molasses)
修道院のパン（全粒粉と糖蜜）

モラセスをたっぷりと入れたほのかに甘い全粒粉パン。
バターや牛乳が全粒粉の独特の味わいをほどよく和らげ、
モラセスのコクが全粒粉の滋味を引き出す。
全粒粉の配合が多いパンは重くなりがちだが、
膨らませる力のある発酵種・ビガを使うことで、
ほどよい食べごたえに調整している。

ヨーロッパではずーっと昔、修道院にモラセスを寄付していたんです。
モラセスは砂糖を精製した残りを煮詰めてつくる蜜で、
砂糖を炊く釜の底にくっついて残ったようなもんです。
それを使って修道士がパンをつくっていたらしい。
これはそういうパンをイメージしてつくりました。
修道院でつくるパンだから真っ白な粉やなくて、全粒粉やなと思って、
スポンジ種には全粒粉以外の粉は使わず、本ごねでも全粒粉を
たっぷり入れてます。僕は、このパンをはじめてつくったとき、
「よし、これで勝負や」と言ったくらい、これは売れるぞと思った。
噛めば噛むほどおいしい味がするパンです。(五郎)

サックリした生地はトーストすると香ばしさが増して、
甘さが生き生きとします。全粒粉のパンには、バターがぴたりと合います。
ぜひ、バターをさっと塗って召し上がっていただきたいパンです。(康子)

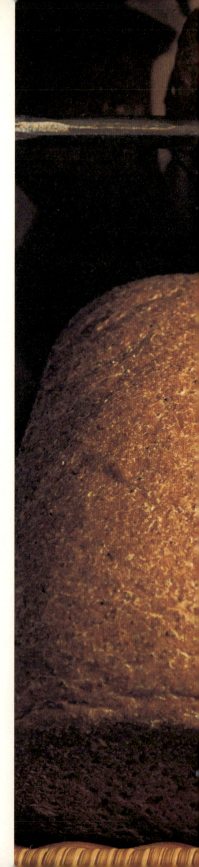

Convent Bread (Whole wheat and Molasses) 修道院のパン(全粒粉と糖蜜)

Ingredients 材料

17cm×7cm×高さ8cmの型6個分

スポンジ種(仕込み方→p.18)
　ホワイトスターター(p.14)……おたま4杯分
　全粒粉(DC全粒粉)……300g
　水……400g
ビガ(仕込み方→p.21)……下記より750g
　フランスパン用粉(特ラインゴールド)……4kg
　インスタントドライイースト……8g
　水……2.2kg
全粒粉(DC全粒粉)……650g
強力粉(ゆめかおり)……370g
ⓐ モラセスシロップ……120cc
　牛乳……230cc
　バター……50g
　グラニュー糖……大さじ2
　塩……小さじ2
　ぬるま湯(約40℃)……350g

Method 工程

1 ミキシング

- ミキサーボウルにスポンジ種、全粒粉、強力粉を入れて、低速1分
- こぶし大にちぎったビガを加えて、低速2分
- ⓐの材料を合わせて加熱し、40℃に冷まして加える **A**
- 低速3〜5分
- オートリーズ20分
- 塩を加えて、中速1分・低速2分
- こね上げ温度25℃

ⓐは鍋に入れて火にかけて混ぜ、バターと砂糖が溶けたら火から下ろし、40℃に冷ます。生地にツヤが出てきたらミキシング完了 **B**。

2 発酵・復温

- 冷蔵庫で一晩(7℃・15〜21時間)
- ホイロ(33〜34℃・75%)で1時間

発酵前 **C**、後 **D**。

3 分割・丸め・成形

- 600g ➡ 丸形 ➡ 俵形 ➡ ローフ型

成形の手順は下記の通り。

1. 丸めた生地 **E** を、とじ目を上にして台に置く。手のひらでつぶしてのばし **F**、手前と奥の生地の端が中央で重なるように折る。合わせ目を手のひらの付け根で押さえてとじる **G**。
2. 生地を90°回転させて、1と同様にのばして折る。
3. 1〜2を2〜3回繰り返す。
4. 転がして長さ17cmの俵形にととのえる **H**。バターを塗った型にとじ目を下にして入れる。

4 最終発酵

- ホイロ(33〜34℃・75%)で1時間

約2倍に膨らんだら発酵終了。発酵前 **I**、後 **J**。

5 焼成

- 上火・下火170℃で40分(スチーム2回)

スチームは窯入れ直後と10分後の計2回。

NINE GRAINS BREAD
9種穀物パン

全粒粉を50％弱配合した生地に大麦、キビ、アワ、黒豆、
アマランサスなど、9種以上の雑穀類を練り込んだ
ミネラルたっぷりのパン。ハチミツのやわらかな甘みが、
さまざまな穀物の風味をひとつにまとめあげ、
豊かな味わいを醸し出す。

見た目は無骨ですが、味わいは
とても繊細です。プツプツとした食感が楽しく、
存在感のある穀物がたっぷり入っていて、
健康志向の高いお客さまには特に人気があります。
つくりはじめた頃は穀物9種がミックスされた
製パン用資材を使っていたので
9種穀物パンという名前になりましたが、
それが生産終了してしまったので
他の資材を組み合わせてつくるようになり、
いまでは9種以上の穀物類が入っています。
ニンニクと非常によく合うので、
ニンニクを浸しておいたオリーブオイルを
つけて食べると最高においしいです。（康子）

僕の一番好きなパンです。
薄く切って、マヨネーズでもちょっと塗って、
あとはハムでもチーズでも納豆でもなんでも、冷蔵庫
に残ったものをのっけるだけでも、
ものすごくおいしいですよ。（五郎）

NINE GRAIN BREAD 9種穀物パン

Ingredients 材料

19cm×10cm×高さ8cm の型10個分

9穀プーリッシュ種*1
- 強力粉（ゆめかおり）…333g
- インスタントドライイースト…小さじ1.5
- 水…500g

9穀の具
- ライスターター（→p.14）…260g
- 九穀フィリング*2…350g
- 北海道煎り五穀*3…125g
- グレインミックス*4…250g
- 水…500g

- 強力粉（ゆめかおり）…1.3kg
- グラハム粉…1.3kg
- ａ ハチミツ…60g
- 水…1kg

塩…40g

*1 材料を容器に入れて混ぜ、常温に1時間おく。
*2 大麦、もちキビ、もちアワ、黒豆、緑豆、小豆、黒米、黒ゴマ、アマランサスをブレンドした市販品。株式会社はくばく製。
*3 もち玄米、大麦、キビ、アワ、ライ麦をブレンドした市販品。株式会社ライスアイランド製。
*4 MCフードスペシャリティーズ株式会社の「12-G」という商品を使用。コーングリッツ、ヒマワリの種、ゴマ、オーツ麦、大豆、麦芽、小麦粉などを合わせた粉末状の製品。

Method 工程

1 具の下準備
- ➜ 9穀の具の材料をすべて混ぜる **A** **B**
- ➜ 常温1時間
- ➜ 冷蔵庫で一晩（7℃・15～21時間）**C**

2 ミキシング
- ➜ ミキサーボウルにプーリッシュ種、下準備した具、**ａ** を入れ、低速30秒
- ➜ 塩を加え、低速2分・中速4分
- ➜ こね上げ温度21～22℃

具材が全体に均一に混ざり、生地がなめらかにつながればミキシング完了。

3 発酵
- ➜ ホイロ（33～34℃・75%）で1時間

約2倍に膨らんだら発酵終了。発酵前 **D**、後 **E**。

4 分割・丸め・成形
- ➜ 600g ➜ 丸形 **F**～**H** ➜ 俵形 ➜ ローフ型

成形の手順は下記の通り。

1. 丸めた生地を手のひらでつぶして大まかにのばし、麺棒で楕円形にのばす **I**。
2. 端が中央で少し重なるように折り **J**、合わせ目を指先で押さえてとじる。
3. 手前からくるくると丸め **K**、両端をつまんでとじる **L**。
4. とじ目を下にして生地を転がし **M**、長さ18cmの俵形にする **N**。バターを塗った型にとじ目を下にして入れる **O**。

5 最終発酵
- ➜ ホイロ（33～34℃・75%）で1時間

生地が型の縁まで膨らんだら発酵終了 **P**。

6 焼成
- ➜ 200℃・36分（スチーム1回）

コンベクションオーブンで焼成。スチームは窯入れ直後の1回。

WHOLE WHEAT CAMPAGNE
全粒粉カンパーニュ

じっくり時間をかけて発酵させた生地はほのかに酸味があり、
噛みしめると全粒粉とライ麦粉のコクとうまみが
口いっぱいに広がる。全粒粉とライ麦粉は
スポンジ種のみに使用し、豊かな風味は引き出しつつも
食べやすい配合に。本ごねに使う粉には
石臼挽き強力粉を約30％使用し、味わいをプラスしている。

見た目も気泡もきれいなパンは、上品でしょう。うちで一番上品なのが、
このカンパーニュですね。全粒粉のパンは胚芽から油が出て、
生地が混ざりにくいので、ミキシングは長めに。
オートリーズをとって生地の表面に浮いた油を落ち着かせると、
いいのができます。(五郎)

全粒粉のおいしさをしっかりと味わえるカンパーニュがほしくて
つくりました。そのまま食べると、いがらっぽいと
思われるかもしれませんが、薄くスライスしてカリッと焼いて、
バターをさっと塗って食べると、最高においしいです。
クセのあるチーズやこってりとした料理を合わせると、
全粒粉の香ばしさが引き立ちます。(康子)

WHOLE WHEAT CAMPAGNE 全粒粉カンパーニュ

Ingredients 材料

直径18〜20cm・8個分

全粒スポンジ種(仕込み方→p.18)
　ホワイトスターター(p.14)……おたま6杯分
　全粒粉(DC全粒粉)……300g
　ライ麦粉(ロッゲンメール ナチュラル)
　　……300g
　水……600g
バーム(仕込み方→p.20)
　ホワイトスターター(p.14)……おたま10杯分
　フランスパン用粉(特ラインゴールド)……1kg
ａ　石臼挽き強力粉(グリストミル)……1kg
　フランスパン用粉(ドヌール)……1kg
　水……900〜1050g
塩……64g

Method 工程

1 ミキシング

→ ミキサーボウルにスポンジ種、こぶし大にちぎったバーム、**a**を入れ、低速3分

→ オートリーズ20〜30分

→ 塩を加え、中速2分・低速3〜5分

→ こね上げ温度17℃

生地がまとまったら**A**、オートリーズをとる。つきたての餅のような弾力とコシが出てきたら、ミキシング完了**B**。

2 発酵・パンチ

→ 常温約1時間 → パンチ&ラバタージュ(1回目)

→ 常温約1時間 → パンチ&ラバタージュ(2回目)

→ 常温約1時間 → パンチ&ラバタージュ(3回目)

→ 常温約1時間

パンチの手順は下記の通り。

1　生地の表面、台の上、手のひらに霧吹きで水をたっぷりとかけ、生地を台に取り出す。

2　両手のひらを重ね、生地全体をまんべんなく押して大きな気泡をつぶす。三つ折りにして、再度全体を押す。

パンチ1回目**C**、2回目**D**、3回目**E**。1回目のパンチの際、生地がやわらかすぎたり、かたすぎたりするときは、パンチ&ラバタージュをもう1回繰り返してから発酵をとる。3回目のパンチ&ラバタージュをする頃には生地が2倍に膨らみ、押すと大きな気泡がプチプチとつぶれる音がする。

3 分割・丸め・ベンチタイム

→ 700g → 丸形**F** → 常温30分**G**

4 成形

→ 丸形

生地を丸めなおして布に並べ、上に膨らみすぎないよう手で軽く押さえる。

5 最終発酵

→ ホイロ(33〜34℃・75%)30〜40分

発酵前**H**。生地の直径が約3cm大きくなったら発酵終了**I**。

6 焼成

→ クープ

→ 上火250℃・下火220℃で40分(スチーム3回)

生地をスリップベルトにのせ、ライ麦粉をふる。クープの形は「テラモト」というカタカナを組み合わせてデザインしたもの**J**。スチームは窯入れ直後、10分後、20分後の3回。

Simple Whole Wheat Bread

シンプル・ホール
ウィート・ブレッド

全粒粉スターターとライスターターで
つくる、100％全粒粉のパン。
サワークリームや牛乳、ハチミツ、
バターを加えることで、全粒粉特有の
クセがマイルドになり、やわらかな味わいに。

私は全粒粉がとにかく大好きで。全粒粉だけのパンが食べたいと言って、つくってもらいました。フランスパン用粉でつくる生地種・バームを配合していますが、スポンジ種と本ごねに使う粉はすべて全粒粉です。大事にしたのは「おいしさ」と「食べやすさ」。全粒粉のとがった味をマイルドにするために、スポンジ種には水の代わりに牛乳とサワークリームを使っています。本ごねではなく、スポンジ種に使うことで、より少ない量でより豊かな風味を生むことができます。（康子）

全粒粉100％だと、本当はえごい感じになるんです。だけど、いい種と、いい粉と、いい水に支えられて、ここまでのパンができました。水の違いは大きいと思いますよ。このあたりは新幹線のトンネルを掘ったときに出た湧き水を水道水に使っているので、東京あたりとは水が違うんです。だから、うちはずっと、このへんから離れるわけにはいかんでしょうね。（五郎）

Ingredients 材料

19cm×10cm×高さ8cmの型7〜8個分

スポンジ種(仕込み方→p.18)
- ライスターター(p.14)……おたま1〜1.5杯分
- 全粒粉スターター(p.14)……大さじ3
- グラハム粉……400g
- 全粒粉(DC全粒粉)……200g
- 牛乳……200cc
- サワークリーム……100g

バーム(仕込み方→p.20)
- ホワイトスターター(p.14)……おたま10杯分
- フランスパン用粉(特ラインゴールド)……1kg

- 全粒粉(DC全粒粉)……500g
- 塩……44g
- ａ グラニュー糖……33g
- ハチミツ……大さじ4
- 水……300cc

バター……350g

Method 工程

1 ミキシング
- ➡ ミキサーボウルにスポンジ種、こぶし大にちぎったバーム、ａを入れる
- ➡ 低速2分半
- ➡ バターを加え、低速2分・中速2分
- ➡ こね上げ温度25℃

ひとまとまりになったら、バターを加える。バターが混ざって見えなくなり、生地を薄くのばしても切れなくなればミキシング完了 A 。

2 発酵
- ➡ ホイロ(33〜34℃・75%)で1時間

生地が約1.5倍に膨らんだら発酵終了 B 。

3 分割・丸め・成形
- ➡ 650g ➡ 丸形 ➡ 俵形 ➡ ローフ型

成形の手順は下記の通り。
1. 丸めた生地を麺棒で縦25cm×横16cmの長方形にのばす。
2. 端が中央で少し重なるように折り、合わせ目を指先で押さえてとじる C 。
3. 手前からくるりと巻いて俵形に形をととのえ D E 、両端をつまんでとじる F 。バターを塗った型にとじ目を下にして入れる。

4 最終発酵
- ➡ ホイロ(33〜34℃・75%)で1時間半

型の8割程度まで膨らんだら発酵終了。発酵前 G 、後 H 。

5 焼成
- ➡ 190℃・40分(スチーム2回)

コンベクションオーブンで焼成。スチームは窯入れ直後と10分後の2回。

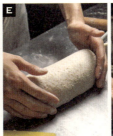

CHAPTER

3

THE RYE BREAD
ライ麦パン

MILD SOUR BREAD マイルドサワーブレッド

ライスターターにホワイトスターターを足すことで、
酸味をほどよくおさえて仕込んだサワー種を使用。
生地を折りたたんで酵母を活性化し、気泡の層をつくる
「パンチ&ラバタージュ」を3回行うことで、
すみずみまで気泡の入った口どけのよいクラムに。

そのものずばり、マイルドなサワーブレッドです。
サワー種のパンはそれまでもつくってきましたけど、
もうちょっと味にパンチがあって、なおかつソフトで。
ハード系とか、ソフト系とか、そういう区別をする必要のない、
どっちともとれるパンがあってもいいんじゃないかなと。
料理に合う、誰が食べてもおいしい、何を添えてもおいしい、
そういうパンをつくりたかったんです。味としては、
僕のもっとも好きなパンです。はっきり言って世界に通用するパンやと
思っています。このパンは、パンチとラバタージュが命。
パンチは酵母を元気にします。ラバタージュは
生地をながーく引っ張ってからたたんで、きれいな気泡をつくります。
そうやって空気中の酵母を生地に取り込むんです。
そのときに、生地に水を吸わせてやりたいので霧吹きで水をかけます。
水の加減は手の感触で判断します。いろいろ試して
好みの焼き上がりになる感触を見つけるといい。
本ごねではライ麦粉を10%、全粒粉をその半分加えてます。
全粒粉をちょっと加えるといい香りが出るんです。スポンジ種にも
ライ麦粉と同じ量使ってます。一晩おくと、うまみが出てくる。
ソフトに仕上げるため、ラバタージュで水分をたっぷり含ませて、
水分がとんでしまわないように高めの温度で焼いてます。(五郎)

クープに対して直角に切った
ときの断面に、鳥が両羽を広
げたようなのびやかで美しい
気泡ができるとよい。

MILD SOUR BREAD マイルドサワーブレッド

Ingredients 材料

長さ20〜22cm・12個分

サワースポンジ種（仕込み方→p.18）
| ホワイトスターター(p.14)……おたま6杯分
| ライスターター(p.14)……おたま2杯分
| フランスパン用粉（ドヌール）……200g
| ライ麦粉（ロッゲンメール ナチュラル）……200g
| 全粒粉（DC全粒粉）……200g
| 水……600g

バーム（仕込み方→p.20）
| ホワイトスターター(p.14)……おたま10杯分
| フランスパン用粉（特ラインゴールド）……1kg
⌈ フランスパン用粉（特ラインゴールド）……1kg
| 石臼挽き強力粉（グリストミル）……700g
| ライ麦粉（ロッゲンメール ナチュラル）
a ……200g
| 全粒粉（DC全粒粉）……100g
| モルトパウダー……36g
⌊ 水……800g
塩……64g
水……200g

Method 工程

1 ミキシング

→ ミキサーボウルにスポンジ種、ちぎったバーム、**a**を入れ、低速2〜3分
→ オートリーズ30分
→ 塩と水（200g）を加え、低速2分・中速4分
→ こね上げ温度24℃

オートリーズ前 **A** は、まだ生地はかため。**B** のように表面がつるっとしたらミキシング完了。

2 発酵・パンチ＆ラバタージュ

→ ホイロ(33〜34℃・75%)で30分
→ パンチ＆ラバタージュ（1回目）➡ 室温30分
→ パンチ＆ラバタージュ（2回目）➡ 室温30分
→ パンチ＆ラバタージュ（3回目）➡ 室温30分

パンチ＆ラバタージュの手順は下記の通り。

1 生地の表面、台の上、手のひらに霧吹きで水をたっぷりとかけ、生地を台に取り出す **C**。
2 両手のひらを重ね、生地全体をまんべんなく押して大きな気泡をつぶす **D**。生地を半分に折り **E**、さらに三つ折りにして、再度全体を押す **F**。（パンチ）
3 生地の端をもち、生地を傷めない程度に引っ張って約2倍の長さにのばす **G**。三つまたは四つに折りたたみ、全体を押す **H**。（ラバタージュ）
4 生地を二つ折りにして密閉容器に戻す。

生地が発酵前の約2倍に膨らめば、発酵終了 **I**。

3 分割・丸め・成形

→ 600g ➡ 丸形 ➡ バヌトン

分割したら、全体を軽くたたいて生地内の大きな気泡をつぶし、丸める。とじ目を上にしてバヌトンに入れる。

4 最終発酵

→ ホイロ(33〜34℃・75%)で30〜40分

約1.5倍に膨らめば、発酵終了。発酵前 **J**、後 **K**。

5 焼成

→ スケッパーの持ち手でスジをつける
→ 上火250℃・下火220℃で30分（スチーム1回）

表面にライ麦粉をふり、バヌトンを逆さにして生地をスリップベルトにのせる。クープがわりに、生地の中央にスケッパーの持ち手側をぎゅっと押しつけてスジをつける **L**。このとき、しっかり押さえないとぼこっと大きな気泡ができてしまう。スチームは窯入れ直後に1回。

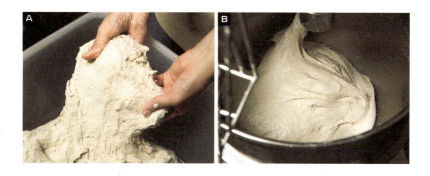

SANDWICH RYE
サンドイッチライ

生地にリンゴジュースを加えて、
ほのかに甘く、まろやかな味わいに仕上げた、
サンドイッチにぴったりのライ麦パン。
高めの温度で焼き上げることで、皮が薄く、
ふっくらとした口あたりのよいパンに仕上がる。

SANDWICH RYE サンドイッチライ

水の代わりにシードルを使ってこねる南仏のパンを
ヒントに考えたもの。サンドイッチにぴったりの
ライ麦パンにしたかったので、どんな具材をはさんでも
おいしくなるように、うちではリンゴジュースに置きかえて
やさしい甘みを添えています。ジュースが入ると
皮が薄くあがって、味もまろやかになります。

酸味が出すぎると具材とのバランスが
崩れてしまうので、サワー種には
ライスターターだけでなく、ホワイトスターターも
使うことで酸味をまろやかにしています。
サンドイッチに適していますが、
トーストしても、もちろんおいしいです。(康子)

Ingredients 材料

直径16cm・7〜8個分

スポンジ種(仕込み方→p.18)
| ライスターター(p.14)……おたま4.5杯分
| ホワイトスターター(p.14)……おたま3杯分
| ライ麦粉(ロッゲンメール ナチュラル)
| ……300g
| ライ麦全粒粉(ロッゲンメール パワー)
| ……100g
| 水……500g
バーム(仕込み方→p.20)
| ホワイトスターター(p.14)……おたま10杯分
フランスパン用粉(ゆめかおり)……1kg
| ライ麦粉(ロッゲンメール ナチュラル)……2kg
a| リンゴジュース……400cc
| モルトエキス……小さじ2
塩……62g

Method 工程

1 ミキシング
- ➡ ミキサーボウルにスポンジ種、ちぎったバーム、a を入れ、低速3〜4分
- ➡ オートリーズ20〜30分
- ➡ 低速数十秒
- ➡ 塩を加え、中速3〜4分
- ➡ フックから生地をはらい、中速1〜2分
- ➡ こね上げ温度17℃

ツヤと粘りが出てきたらミキシング完了 A 。ねっとりとして、のびのよい生地になる B 。

2 発酵
- ➡ ホイロ(33〜34℃・75%)で120〜180分

約1.5倍に膨らんだら発酵終了。発酵前 C 、後 D 。

3 分割・丸め・成形
- ➡ 900g ➡ 丸形 ➡ バヌトン

生地を丸め E 、とじ目を上にしてバヌトンに入れる F 。ほかのバヌトンの底を押し当てて表面を平らにする G 。

4 最終発酵
- ➡ ホイロ(33〜34℃・75%)で1時間半

生地の高さが約3cmほど高くなったら発酵終了 H 。

5 焼成
- ➡ 楕円形
- ➡ クープ
- ➡ 上火250℃・下火220℃で40分(スチーム2回)

バヌトンを逆さにしてスリップベルトに生地をのせ、手で楕円形にととのえなおす I 。表面にライ麦粉をふり、中央に深さ約2cmのクープを1本、その左右に深さ約1cmのクープを3本ずつ入れる J 。スチームは窯入れ直後と10分後の2回。

UKRAINIAN STYLE BLACK BREAD ウクライナ風黒パン

そば粉を加えて、ねっちりとした食感を出した
ウクライナ風のライ麦パン。インスタントコーヒーと
カラメル粉で黒パンらしい素朴な色あいを出しつつ、
ほのかな苦みと香りを添えている。

昔、ウクライナの女の子がパンを買いにきて、
このパンを見て泣き出したんです。「国のにおいがする」って。
それで、国のパンはどんなんか聞いたら「これとそっくりだ」と。
でも、「ライ麦が少ない。もうちょっと多くすれば、
ウクライナのパンと一緒だ」というので、それでライ麦粉を増やしたら、
「おいしい」と言ってね。それからよく来ていたんですけど、
2年くらいしてウクライナへ帰りました。このパンは小さいし、
細くて丸いし、成形が難しいんです。ナマズみたいな格好でしょ。
でも、切って食べたら独特な味がします。これは売れるなと思ったら、
案の定、よく売れていますよ。(五郎)

湯河原は昔からなぜかロシアの方が多く住んでらっしゃって、
店にもよく来てくださってました。なのに、
そういえばロシア風のパンがないわ、と思ってつくったのがはじまりです。
これは、ブレッド&サーカスのライ麦パンの中でも、
いちばんライ麦の割合が高いです。
そば粉が入ると、ねとーっとして香りも出てすごくおいしくなります。
においの強いチーズによく合います。パンをスライスして、
バジルの葉を練り込んだモッツアレラチーズをのせて、
とろけるくらいまで温めて食べるのもおすすめです。(康子)

Ukrainian Style Black Bread ウクライナ風黒パン

Ingredients 材料

長さ23〜25cm・8個分

デイズム&ウクライナのスポンジ種
　（仕込み方→p.18）
　　ホワイトスターター(p.14)……おたま2.5杯分
　　ライ麦粉(ロッゲンメール ナチュラル)……250g
　　全粒粉(DC全粒粉)……175g
　　強力粉(ゆめかおり)……75g
　　水……300g
バーム(仕込み方→p.20)
　　ホワイトスターター(p.14)……おたま5杯分
　　強力粉(ゆめかおり)……500g
　　ライ麦粉(ロッゲンメール ナチュラル)……200g
a　そば粉……138g
　　モラセスシロップ……大さじ1
　　三温糖……60g
　　インスタントコーヒー(粉末)*1……大さじ1
b　カラメル(粉末)*2……20g
　　水*3……50g
塩……23g
水……100〜150g

*1、2、3　混ぜ合わせて、粉末類を溶かす。

Method 工程

1 ミキシング

→ ミキサーボウルにスポンジ種、ちぎったバーム、**a**を入れ、低速1分半

→ **b**、塩、水(100g〜150g)を加え、低速30秒・中速2〜3分

→ こね上げ温度21〜22℃

生地がなめらかになり、ツヤが出たらミキシング完了。

2 発酵

→ ホイロ(33〜34℃・75%)で1時間

ひとまわり大きくなったら発酵終了。発酵前 **A**、後 **B**。

3 分割・丸め・成形

→ 300g → 丸形 → 棒状(長さ20cm)

成形の手順は下記の通り。

1 丸めた生地 **C** をとじ目を上にして置き、手のひらでつぶして大まかにのばし、麺棒で楕円形にのばす **D**。

2 両端が中央で少し重なるように折る。合わせ目を手のひらの付け根で押さえてとじる **E**。

3 二つ折りにし、合わせ目を手のひらの付け根で押さえてとじる **F**。

4 とじ目を下にして生地を転がし **G**、長さ20cmの棒状にする。

4 最終発酵

→ ホイロ(33〜34℃・75%)で1時間

ひとまわり大きくなったら、発酵終了。発酵前 **H**、後 **I**。

5 焼成

→ 190℃・29分(スチーム2回)

コンベクションオーブンで焼成。スチームは窯入れ直後と10分後の2回。

PUMPER NICKEL プンパニッケル

ライ麦粉を約40％配合。水の代わりに贅沢に黒ビールを使い、
モラセスを加えて色よく焼き上げたプンパニッケル。
ライスターターにホワイトスターターを加えて仕込んだ
サワー種は、日本人好みのまろやかな酸味。
皮もクラムもやわらかく、食べやすいライ麦パン。

プンパニッケルのつくり方には地域差、個人差がありますけど、
うちは種が基本。サワー種に加えてバームも入れているので、
魔法みたいにふくらんで、張りのある焼き上がりになります。
丸く抜いた薄い生地をとじ目の上にのせて焼くんですが、
焼くうちに生地がふっくら膨らんでとじ目から自然に割れ目ができます。
帽子かぶってるみたいなおもしろい形がきれーいに出てますでしょ。
こねる時間が長いと生地が熱をもってしまうので、
2回オートリーズをとると、いいのができますよ。(五郎)

プンパニッケルというと型に入れて長時間湯煎焼きするのが
オーソドックスな製法ですが、うちではバヌトンで成形し、
湯煎焼きはしていません。オーブンを長時間占領することなく、
めざす味わいを出そうと工夫して、現在の方法にたどりつきました。
見た目ほどかたくなくて、しっとりしています。
薄く切ってチーズやハムをはさんだり、甘いジャムを塗ったり。
いろいろな食べ方ができるパンですけど、どんなときもバターは必須。
このパンに限らず、ライ麦パンは、バターをうすく塗って食べると
最高においしいです。(康子)

PUMPERNICKEL プンパニッケル

Ingredients 材料

直径16〜18cm・6個分

スポンジ種(仕込み方→p.19)
- ホワイトスターター(p.14)…おたま4杯分
- ライスターター(p.14)…おたま2杯分
- ライ麦粉(ロッゲンメール ナチュラル)
  …400g
- 全粒粉(DC全粒粉)…100g
- 強力粉(ゆめかおり)…100g
- モルトエキス…少量
- 水…800g+200g
- プンパニッケル*…300〜400g

バーム(仕込み方→p.20)
- ホワイトスターター(p.14)…おたま10杯分
- 強力粉(ゆめかおり)…1kg
- ライスターター(p.14)…おたま1杯分
- ライ麦粉(ロッゲンメール ナチュラル)
  …1.7kg
- **a** ライ麦粉(ロッゲンメール パワー)…300g
- 黒ビール…700g
- モラセスシロップ…大さじ3
- モルトエキス…大さじ1
- キャラウェイシード…2つかみ

塩…62g

＊前日に焼いたプンパニッケルを使う。プンパニッケルがなければ、そのほかの天然酵母パンを使う。

Method 工程

1 ミキシング・手ごね

- ➡ ミキサーボウルにスポンジ種と **a** を入れ、低速3分
- ➡ オートリーズ20〜30分(1回目)
- ➡ バームをこぶし大にちぎって加え、低速2分・中速3分
- ➡ オートリーズ20〜30分(2回目)
- ➡ 塩を加え、低速8分・中速2分・低速3分
- ➡ こね上げ温度23℃
- ➡ 三つ折り5〜6回

このライ麦パンは水の配合が少なく、ミキシング時間が長いと生地が熱を持ってしまうので、2回にわけてオートリーズをとる。**A** は1回目のオートリーズ前、**B** は2回目のオートリーズ前。
ミキシングの際、ペタンペタンと音をたてるときは水分が多すぎるので混ぜすぎないようにし、カサカサとした音をたてるときは少しずつ水を足し、速度を上げるとよい。バームがしっかりと混ざり、なめらかでまとまった状態になったらミキシング完了 **C** 。生地を台に移し、三つ折りにしては手のひらで押さえてのばすことを5〜6回繰り返す **D** 。粘り気が強い生地で塩が混ざりづらいため、このようにミキシング後に手ごねして塩を全体に行きわたらせる。

2 発酵

- ➡ ホイロ(33〜34℃・75%)で2〜3時間

約1.5倍に膨らんだら、発酵終了。

3 分割・丸め・ベンチタイム

- ➡ 900g ➡ 丸形 ➡ 常温10〜20分

ベンチタイム前 **E** 、後 **F** 。

4 成形

- ➡ 円形(直径7cm・厚さ8mm)＋丸形
- ➡ バヌトン(円形を底に敷き、丸形をのせる)

生地の端をめん棒で厚さ8mmにのばし、直径7cmのセルクルで抜く。残りの生地は丸める。バヌトンの底に円形の生地を敷き、丸めた生地をとじ目を下にしてのせる **G** 。ほかのバヌトンの底を押し当てて表面を平らにする。

5 最終発酵

- ➡ ホイロ(33〜34℃・75%)で1時間10分

H は発酵前。生地を押すと元に戻るようになったら発酵終了 **I** 。

6 焼成

- ➡ 上火250℃・下火220℃で50分(スチーム2回)

バヌトンを逆さにしてスリップベルトに生地をのせ **J** 、ライ麦粉をふる。スチームは窯入れ直後と10分後の2回。とじ目を上にして焼成するため、自然と割れ目ができ、そこからガスがほどよく抜け、ちょうどよい膨らみ具合になる。

089

Heavy Pumper
ヘビープンパ

プンパニッケルの生地にカボチャと
ヒマワリの種を練り込み、型に詰めて焼く。
名前の通り、ライ麦パンらしいどっしりと
重い食感が楽しめる。

菜の花やフキノトウなどの苦みのある食べものや、ベーコンやソーセージなどにあわせる強い味わいのライ麦パンがほしいと思ってつくりました。ねちねちとして、嚙みごたえがあり、肉料理やクリームチーズ、スモークサーモンによく合います。（康子）

低めの温度でじっくり焼いているのでやわらかいけれど、粘りが出なくて、切りやすいパンになってます。（五郎）

Ingredients　材料

20cm×13cm×高さ12cmの型1個分
プンパニッケルの生地（p.88）……1.4kg
カボチャの種（ロースト）……120g
ヒマワリの種（生）……110g

Method　工程

1　成形

➡ カボチャ・ヒマワリの種を混ぜる

➡ 丸形 ➡ 俵形 ➡ ローフ型

成形の手順は下記の通り。

1　生地を麺棒で楕円形にのばす。
2　カボチャとヒマワリの種を2つかみずつのせ **A**、三つ折りにする **B**。
3　生地の向きを90°変え、麺棒で再度同じ大きさにのばす **C**。
4　カボチャとヒマワリの種を1つかみのせ **D**、三つ折りにする **E**。
5　手のひらの付け根で生地を手前から奥にしごくようにしてこねては折りたたむことを繰り返す **F**。
6　カボチャの種とヒマワリの種が全体に均一に混ざったら丸め **G**、転がして長さ20cmの俵形にととのえる **H**。
7　バターを塗った型に入れ、こぶしでしっかりと押して型の隅まで生地を詰め、表面を平らにする **I**。

2　最終発酵

➡ ホイロ（33～34℃・75%）で1時間半

約1.5倍に膨らんだら発酵終了。

3　焼成

➡ 上火180℃・下火170℃で1時間（スチーム2回）

スチームは窯入れ直後と10分後の2回。表面が赤茶色になり、ふっくらと盛り上がったら焼き上がり。

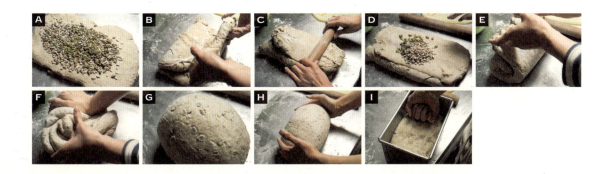

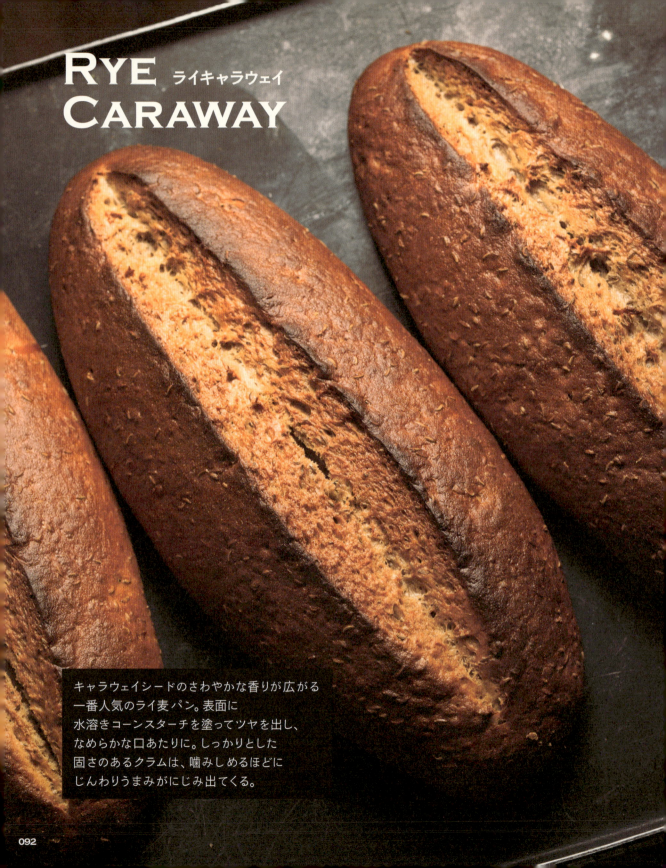

RYE CARAWAY
ライキャラウェイ

キャラウェイシードのさわやかな香りが広がる一番人気のライ麦パン。表面に水溶きコーンスターチを塗ってツヤを出し、なめらかな口あたりに。しっかりとした固さのあるクラムは、噛みしめるほどにじんわりうまみがにじみ出てくる。

ステンドグラスや陶板をつくるフランセンさんという
ベルギー人の美術家が湯河原に住んでいて。
もう亡くなりましたけど、うちのライ麦パンが
好きだったんです。その人がいつも、「どのライ麦パンも
キャラウェイが少なすぎる」と言って怒ってね。
そんなに言うならって、試しにどのライ麦パンだったか
忘れたけれども、ぱーっとたくさん入れてみたら、
おいしくなった。それで、キャラウェイをたくさん入れた
ライ麦パンをつくってみたんです。
うちでいま、一番売れるライ麦パンです。（五郎）

ヨーロッパでは昔から、赤ちゃんにライ麦パンの
切れ端をもたせて歯がためにしていたそうです。
それだけ身近で安心できる食べもの
ということなんでしょうね。日本でもライ麦パンを
お好きな方が増えましたけれど、強い酸味は
まだ敬遠されることが多いようです。なので、
ブレッド＆サーカスでは嚙みしめたときにじんわりと
酸味を感じて、飲み込んだ後に「ふわっと」香る程度の
酸味をつけています。このパンもそう。
キャラウェイシードが香り高くて、嚙みごたえのある
じんわりとおいしい生地です。（康子）

Ingredients　材料

長さ30cm・5個分
スポンジ種（仕込み方→p.18）
　ホワイトスターター（p.14）⋯おたま4杯分
　ライスターター（p.14）⋯おたま3杯分
　ライ麦粉（ロッゲンメール ナチュラル）
　　⋯400g
　強力粉（ゆめかおり）⋯200g
　水⋯500g
バーム（仕込み方→p.20）
　ホワイトスターター（p.14）⋯おたま6杯分
　強力粉（ゆめかおり）⋯650g
　ライ麦粉（ロッゲンメール ナチュラル）
　　⋯350g
　水⋯200g
　強力粉（ゆめかおり）⋯850g
　ライ麦粉（ロッゲンメール ナチュラル）
　　⋯150g
ⓐ キャラウェイシード⋯70g
　アマニ⋯35g
　モラセスシロップ⋯大さじ1
　ハチミツ⋯大さじ1
　水⋯200g
塩⋯40g
コーンスターチ⋯小さじ1
水⋯150g

Method　工程

1　ミキシング

→ ミキサーボウルにスポンジ種、ⓐを入れ、低速3分
→ ちぎったバームを加え、中速2分・低速2分
→ オートリーズ20～30分
→ 塩を加え、中速3分・低速5分
→ こね上げ温度20～25℃

ⓐの水は生地の様子を見て、必要に応じて少しずつ加える。Ⓐはオートリーズ前。生地がキャラメルのように粘りのあるなめらかな状態になったらミキシング完了Ⓑ。

2 発酵

➡ ホイロ（33〜34℃・75%）で2時間〜2時間半

約2倍に膨らんだら発酵終了。発酵前 C、後 D

Method 工程

3 分割・丸め・ベンチタイム

➡ 900g ➡ なまこ形 ➡ 常温15分

生地を手でのばしては二つ折りにして丸めることを2〜3回繰り返し、転がしてなまこ形にまとめる E F G。

4 成形

➡ 棒状（約20cm）

成形の手順は下記の通り。

1 生地を手でのばし、両端が中央で少し重なるように折り、合わせ目を指先で押さえてとじる H。

2 裏返して再度同様に折り、合わせ目を手のひらの付け根で押さえてとじる I。

3 転がして約20cmの棒状にのばす。J K

5 最終発酵

➡ ホイロ（33〜34℃・75%）で約1時間

L は発酵前、M は後。

6 焼成・仕上げ

➡ クープ1本

➡ 200℃・35分（スチーム2回）

➡ コーンスターチを水（150g）で溶いて沸かしたものを塗る

クープは縦に1本 N。コンベクションオーブンで焼成する。スチームは窯入れ直後と5分後の2回。焼成後、コーンスターチを水で溶いて沸かし、熱いうちに焼きたてのライキャラウェイの表面に塗る O。表面がつややかになり、皮も中身もふわっとやわらかくなる。

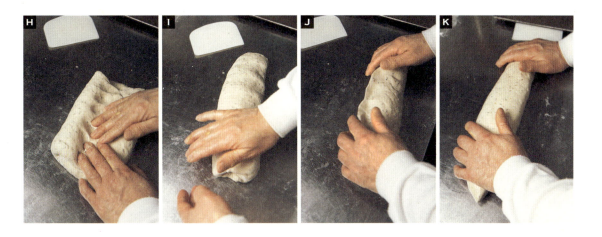

店のはじまりから今までのこと

　店を始めたのは夫にすすめられて。夫の病気を機に、長年住みなれた青山を離れてしばらくした頃でした。別荘だった真鶴の家で暮らしていたのですが、夫の体調もよくなってきて、「看病ばっかりしていても、ひまやし、しょうがないやろ。おまえ、なにかやりたいことはないんか？」と聞かれたので、じゃあ、昔からずっとやってみたかったコーヒーのおいしい喫茶店をやろう。大好きなパンを手づくりして出そう、とそう思ったんです。
　それで、湯河原駅から徒歩5分ほどの、いまの物件を見つけ、建築家である夫に設計してもらって、ゆっくりとくつろげる落ち着いた内装の店をつくりました。そして、厨房では日夜、どうやったら理想の味わいのおいしいパンがつくれるのか試作に明け暮れる日々。当時は食パンやイギリスパン、ハード系パン数種を出していました。この頃は、夫は店のことを「康子の高いおもちゃ」なんてよく言っていました。でも、厨房をちょくちょくのぞくうち、凝り性の夫は酵母づくりの奥深さにすっかり夢中に。リハビリを兼ねてパンづくりを始めるようになってからは、夫婦でパンづくりの魅力にのめりこんでいくようになりました。
　そのうちに自家製天然酵母でも焼くようになり、ライ麦粉や全粒粉のパンも並べはじめました。やがてパンを買いに来てくださるお客さまがどんどん増えて、お茶をしにいらしゃる方よりも多くなってきたので、業務用のオーブンを設置し、店も改装して、ベーカリーに業態を変えることに。その後もありがたいことにお客さまの数は増え続けて、毎日忙しくパンを焼く日々です。
　夫にはあと10年、20年、一緒にパンを焼き続けてほしい。だから、体調の管理には気をつけています。いまは手が回らなくておやすみしている通販をいずれは再開したい、食パンやシンプルなハードパンだけの専門店を開いてみたい、そんな話しをすることもあります。　　　　（康子）

いいパンは売れるパン

　パンは、口に入れた瞬間に食感やら酸味やら香りやら、いろいろと感じるものがありますね。でも、噛んで噛んでじーっと噛んでいくうちに、だんだん違う味がのどにあがってくるんです。全部の味わいがのどを通りすぎた後に、ああ、おいしかったと思うようなのが、おいしいパン。そのときに、のどをすーっと上がってくる酸味がね、きつすぎたら、おいしくないです。ほんのりとした酸味があがってくる、そういうのがいいパンです。

　おいしいパン、っていいましたけどね、でも、そんなものありっこないんですよ。みんな、どうしたらおいしくなるか、って考えるみたいやけどね、それはつくった人の思うだけの話でね。でもね、おいしいとかおいしくないとかじゃなくて、プロなら売れないかんでしょ。売れてなんぼです、と僕は思います。だから、うちの厨房では「このパンおいしいね」という話しはしません。「このパンは売れるぞ」と、そういう言い方をするんです。

　パンを見て、ひと口食べて「これは売れる」。そういう声が厨房で出続ける店は大成功します。商売は勝負なんです。理屈をこねても仕方がない。とにかく売って、儲ける。そうやっていかんと、何十年と貯めたお金が水の泡となって消えていってしまいます。そうならないために、この本を役立ててほしいと思っています。

（五郎）

CHAPTER

4

TIN BREAD

食パン

Homemade Tea Starter Bread 紅茶酵母のイギリスパン

アールグレイの茶葉からおこした自家製酵母で
中種を仕込む、香り豊かなイギリスパン。
噛むうちにアールグレイの香りがほのかに上品に鼻に抜ける。

水出しのアイスティーが大好きで、その風味をパンで出せないかしら、と
最初はバター入りのイギリスパンの生地に茶葉を練り込み、
水の代わりに紅茶を使ってこねてみました。でも、茶葉はかたくなって
邪魔だし、苦いし、おいしくなかったです。茶葉の香りと味わいだけを
生かしたパンにするにはどうしたらよいだろうと考えるうちに、
アールグレイの茶葉から酵母をおこすことを思いつきました。
紅茶で酵母をおこすというアイデアは、昔流行った「紅茶キノコ」から。
発酵飲料がつくれるのだからパン用酵母もきっとおこせるはず、と思って
試したら、すばらしく豊かな香りの酵母ができました。
茶葉は贅沢にたっぷりと使っています。
生地温度が高くなり過ぎると酸味が強く出てしまうので、
こね上げ温度やホイロの温度設定には
細心の注意が必要です。(康子)

Homemade tea starter Bread 紅茶酵母のイギリスパン

Ingredients 材料

19cm×10cm×高さ8cmの型 6〜7個分
紅茶酵母のイギリスパンの中種（仕込み方→下記）
- 強力粉（ゆめかおり）‥‥1kg
- 紅茶酵母‥‥下記より200g
- 水‥‥600〜650g

a
- 強力粉（はるゆたかブレンド）‥‥1kg
- モルトエキス‥‥10g
- スキムミルク‥‥50g
- 上白糖‥‥90g
- 塩‥‥40g
- 水‥‥550g

バター‥‥100g

Method 工程

1 ミキシング
- ➡ ミキサーボウルに中種と **a** を入れ、低速2分
- ➡ バターを加え、低速2分・中速2分・高速2分
- ➡ バターが混ざり、表面がつるっとしたら中速2分・低速2分
- ➡ こね上げ温度24℃

生地がひとまとまりになったらバターを加える **D**。バターがなじみ、きめがととのって、ふっくらとなめらかな状態になればミキシング完了 **E**。

2 発酵
- ➡ ホイロ（33〜34℃・75%）で2時間

約2倍に膨らんだら発酵終了。発酵前 **F**、後 **G**。

3 分割・丸め・成形
- ➡ 270g ➡ 丸形 ➡ ローフ型

生地を丸め **H** **I** **J**、バターを塗った型にとじ目を下にして2玉ずつ入れる **K**。

4 最終発酵
- ➡ ホイロ（33〜34℃・75%）で6時間

生地が型の8割程度まで膨らんだら発酵終了 **L**。

5 焼成
- ➡ 上火202℃・下火218℃で25分（スチーム1回）

スチームは窯入れ直後に1回。

紅茶酵母

- 紅茶葉（アールグレイ）‥‥100g
- 上白糖‥‥400g
- モルトエキス‥‥20g
- ぬるま湯（約30℃）‥‥2リットル

1 空気穴のある縦長の容器（容量3リットル程度）に材料をすべて入れ、上白糖が溶けるまでよく混ぜる **A**。

2 常温におき、毎日、朝夕2回、撹拌する。

3 1週間ほどして、フタをあけるとしゅわっと泡が立つようになったら **B**、さらしを敷いたザルで濾す。最後にさらしを軽く絞る。濾した酵母液は空気穴のある器に入れ、冷蔵庫で約1カ月保存可能。

紅茶酵母のイギリスパンの中種

材料を容器に入れてヘラで混ぜる。フタを閉めて常温に約24時間おく。**C** はできあがり。

使っている茶葉は、香りがよいので気に入っているイギリスの紅茶ブランド、アーマッドティーのもの。

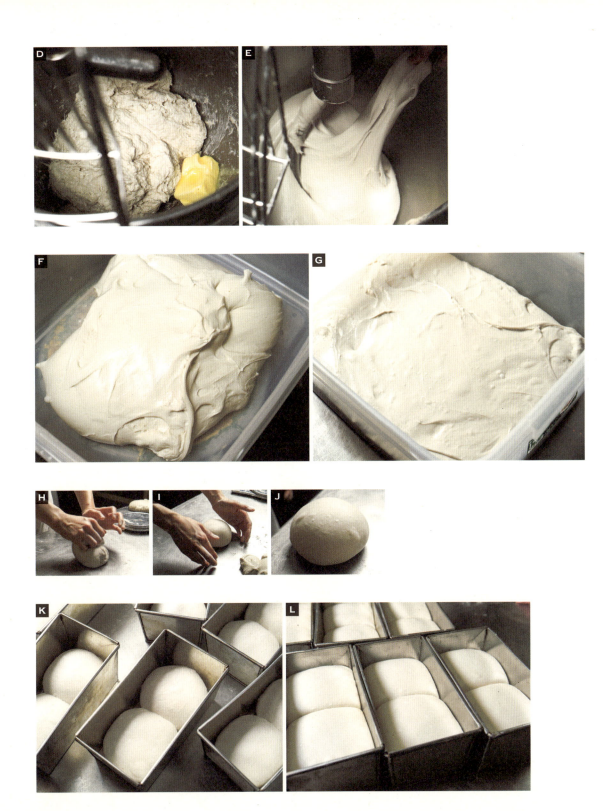

SIMPLE HARD TOAST シンプルハードトースト

ふんわりとやわらかいハード系パン
「カリフォルニアソフト」(p.34)の生地を型に入れ、
クラストはぱりっと香ばしく、
クラムはさっくりと軽い食感の食パンに。
口どけがよく、やさしい味わいで、
子どもからお年寄りまで幅広い層に愛されている。

カリフォルニアソフトの生地が余ったので、
型に入れて焼いたら、すごくいいのができて。
これ、いいじゃないかということで、次の日から生地を倍量仕込んで、
カリフォルニアソフトとシンプルハードトーストを両方売るようになりました。
それまで僕はパンをほとんど食べなかったんやけど、
シンプルハードトーストを食べたときに、パンってこんなにおいしいのかと
思いました。パンのおいしさを僕はこのパンで知ったんです。
もともと、この生地は強力粉でつくるハード系パンとして
つくったものですからね。グルテンが強くて
自分で丸まっていく生地だから、分割したらあまりさわらずに。
2、3べん、くるくるっと丸めて型に入れたら、いいパンができます。
ぎゅうぎゅうしめると生地が息切れしてしまう。
なまくらでしめることです。(五郎)

昔は夜中近くまで仕事をしていて、
最後にこのパンを成形して帰宅していました。
でも、どんなにきれいに成形しても、ふわっと膨らまないので、
やめようかと思っていたんです。ところがあるとき、
夫がくるくるぽんという感じで、ほとんどさわらずに型に入れたら、
いいのができて。ああ、この生地はきれいに成形しようとしないで、
なるべくさわらないでまとめるのがいいんだと、
そこで発見できました。(康子)

SIMPLE HARD TOAST シンプルハードトースト

Ingredients 材料

20.5cm×10.5cm×高さ12cmの型10個分

カリフォルニアソフトの生地⋯p.36掲載の全量

Method 工程

1 分割・成形

➡ 600g ➡ 俵形 ➡ ローフ型

カリフォルニアソフトの発酵済みの生地を使う**A**。分割の際は、成形しやすいように四角い形に切る。成形の手順は下記の通り。

1 手のひらで押さえて生地を平らにのばし、手前からくるくると巻いて俵型にする。
2 巻き終わりを下にして置き、手のひらで押さえて平らにのばす。
3 生地を裏返し、再度手前からくるくると巻いて俵型にする**B**。無理に張らせると生地が切れるので、力を入れたり引っ張ったりせず、ふんわりと丸めるとよい**C**。
4 バターを塗った型にとじ目を下にして入れる。

2 最終発酵

➡ ホイロ(33〜34℃・75%)で4時間

生地が型の9割程度まで膨らんだら発酵終了。発酵前**D**、後**E**。

3 焼成

➡ 上火235℃・下火220℃で35分(スチーム2回)

スチームは窯入れ直後と10分後の計2回。

HOMEMADE STARTER PAIN DE MIE

天然酵母のパンドミ

粉の約15％を湯種にしてデンプンをあらかじめα化し、
天然酵母のパンでありながら、ふっくら感を出した食パン。
バターを加えてリッチな味わいを出しているが、
さらにサワークリームを配合することで、
さっぱりとした軽い味わいに。

毎朝、イーストを使った食パンを焼いているのですが、
いつもすぐに売り切れてしまいます。午後も食パンを焼きたいのですが、
いまの体制では難しくて……。そこで、発酵時間を調整しやすい
天然酵母を使った食パンをつくることにしました。
いずれは午後にもイーストの食パンを焼きたいので、新しくつくるならば
タイプの違うものがいいということもありました。
天然酵母を使うとどうしてももっちりと重くなってしまって、
イーストならば簡単に出せるふわふわ感がなかなか出なくて苦労しました。
グルテンをたくさん出してふわっとさせたかったので、
湯種法を試してみたらうまくいきました。
リッチなやわらかい生地にしたかったのですが、
油脂をバターだけにすると生地が重くなりすぎて膨らまないので
一部をサワークリームに置きかえました。
バターだけよりもさっぱりとしたコクが出て、
トーストしたときの香りがよくなります。
甘すぎず、絶妙なあっさり感のあるパンです。トーストはもちろん、
フレンチトーストやクルトンにしてもおいしいです。
私はパンをトーストしてバターを塗ってハチミツをたらす、
通称「ハチバタ」はあまり食べないのですが、
このパンは無性に「ハチバタ」がしたくなります。
サンドイッチもとてもおいしい。
こういう直球のシンプルなパンは
やっぱりいいですね。(康子)

HOMEMADE STARTER PAIN DE MIE 天然酵母のパンドミ

Ingredients 材料

10.5cm×9.5cm×高さ8.5cmの型16個分

スポンジ種(仕込み方→p.18)
- ホワイトスターター(p.14)‥‥おたま6杯分
- 強力粉(ゆめかおり)‥‥600g
- 水‥‥600g

湯種(仕込み方→下記)
- 強力粉(スーパーフォルテ)‥‥400g
- 強力粉(ゆめかおり)‥‥400g
- 熱湯‥‥1.4kg

- ホワイトスターター(p.14)‥‥おたま1杯分
- 強力粉(スーパーフォルテ)‥‥3.1kg
- 強力粉(ゆめかおり)‥‥1.1kg
- ⓐ 上白糖‥‥85g
- スキムミルク‥‥大さじ3
- 塩‥‥84g
- 水‥‥1.6〜1.9kg

サワークリーム‥‥50g
バター‥‥300g

湯種

容器に材料を入れ、木ベラで底から返すように混ぜる A 。粉気がなくなったら B 、ビニールで覆い C 、室温に一晩(約17時間)おく D 。

Method 工程

1 ミキシング

→ ミキサーボウルにスポンジ種、4分割した湯種、ⓐ を入れ、低速4分・中速4分

→ サワークリームとバターを加え、低速3分・中速3分・低速2分・高速1分

→ こね上げ温度22〜23℃

湯種が入る生地は水がなじむのに時間がかかる。こねはじめはかためなくらいがちょうどよいので、最初から水を加えすぎないように気をつける。生地がひとまとまりになったら、サワークリームとバターを加える E 。水が全体に行きわたり、ダマのないなめらかな状態になったらミキシング完了 F 。

2 発酵

→ 室温3〜4時間

約2.5倍に膨らんだら発酵終了。発酵前 G 、後 H 。

3 分割・丸め・成形

→ 600g → 俵形 → ローフ型

分割の際は成形しやすいよう、四角く切る。成形の手順は下記の通り。

1 生地を手で押さえてのばし、折りたたんで丸める I 。
2 生地の向きを90度変え、再度折りたたんで丸める J 。
3 巻き終わりを下にして生地を転がし、表面を張らせながら俵形にととのえる K 。生地の合わせ目を指でつまんでとじる L 。
4 バターを塗った型にとじ目を下にして入れる。

なるべく生地に負荷をかけたくないので、あまりさわりすぎないように成形すること。

4 最終発酵

→ ホイロ(33〜34℃・75%)で2時間

生地が型の9割程度まで膨らんだら発酵終了。発酵前 M 、後 N 。

5 焼成

→ 上火212℃・下火218℃で32分(スチーム1回)

スチームは窯入れ直後の1回。

BROWN RICE TOAST
玄米トースト

こんがりと煎った餅玄米粉を使った食パン。
マイルドな味わいで、噛みしめるほどに香ばしさが口の中に広がる。
ライ麦粉をアクセントに加えることで
餅玄米粉の味わいが立ちすぎず、ほどよくなじむバランスに。
乳製品は使わず、粉と水のみのシンプルな味わいで
餅玄米粉の風味を際立たせている。

餅玄米粉と強力粉だけだと、
ハーモニーがうまくできあがらなかったので、
ライ麦粉を少し入れてみました。そうしたら、
餅玄米粉が浮かず、ちょうどよく調和して、
日本人好みのしみじみとおいしいパンになりました。
餅玄米粉独特の香ばしさがあるので、サンドイッチにすると
オリジナリティあふれる面白い味が楽しめます。
いい香りがして、コーヒーにも合います。
コーヒーを入れた卵液に浸して
フレンチトーストにしてもおいしいです。(康子)

Brown Rice Toast 玄米トースト

Ingredients 材料

19cm×10cm×高さ8cmの型6個分

イタリアンスポンジ種(仕込み方→p.18)
　　…下記より720g
　┌ ホワイトスターター(p.14)…おたま6杯分
　│ 強力粉(ゆめかおり)…600g
　└ 水…1.5kg
　┌ ホワイトスターター(p.14)…おたま1杯分
　│ 強力粉(ゆめかおり)…1.3kg
a┤ 強力粉(スーパーフォルテ)…430g
　│ ライ麦粉(ロッゲンメール ナチュラル)…70g
　└ 玄米粉*…200g
塩…36g
水…1.4kg

* 炒った玄米を挽いた粉。みたけ食品工業株式会社製。

Method 工程

1 ミキシング

➡ ミキサーボウルにスポンジ種と**a**を入れ、低速30秒
➡ 塩と水を加え、低速2分・中速1分
➡ こね上げ温度18℃

生地がつるっとしてなめらかな状態になったら、ミキシング完了。この段階ではまだややかための生地**A**。

2 発酵・復温

➡ 冷蔵庫で一晩(7℃・15〜21時間)
➡ 常温1時間

約1.5倍に膨らんだら発酵終了**B**。

3 分割・成形

➡ 600g ➡ 俵形 ➡ ローフ型

成形の手順は下記の通り。

1 分割した生地の形を手で四角くととのえ、麺棒で25cm×15cmにのばす**C**。
2 生地を裏返し、両端が中央で少し重なるように折る**D**。手前から生地を巻き、俵状に形をととのえる**E F**。バターを塗った型にとじ目を下にして入れる**G**。

4 最終発酵

➡ ホイロ(33〜34℃・75%)で1時間〜1時間半

型の9割程度まで膨らんだら発酵完了**H**。

5 焼成

➡ 上火215℃・下火220℃で36分(スチーム1回)

スチームは窯入れ直後の1回。

TEXAS CORN BREAD

テキサス
コーンブレッド

粗挽きのコーングリッツとホールコーンを
たっぷりと生地に練り込んだ、
トウモロコシの風味あふれるパン。
ハチミツの甘さを加えることで
奥行きのある味わいにしている。
また、コーングリッツは熱湯を加えて練り、
一晩おいてから使うというひと手間で、
ふっくら、なめらかな食感に。

日本ではまだコーンブレッドが
そんなに知られていなかった頃、
不思議なくらい多くのお客さまから
「コーンブレッドが好きなの」「つくって」と言われました。
大手のベーカリーさんも売っていないようなパンなのに
どこで食べているんだろう、世の中の人はそんなに
コーンブレッドが好きなんだろうか、
と思った覚えがあります。私はアメリカで
食べたことがありましたが、どれもざっくりとした
かたいものばかり。自分でつくるなら甘さがほしい、
ふわっとさせたいと思いました。
なので、生地にはハチミツを入れ、ホールコーンも
たっぷり加えて、ほのかで上品な甘みが
生き生きと感じられるように。このパンは
サンドイッチにするとすごくおいしいです。その場合も、
ハチミツが絶対に必要。ハチミツとバターを塗って、
レタス、チェダーチーズ、レタスの順にはさむ。
それだけで充分おいしいサンドイッチになります。(康子)

Ingredients 材料

19cm×10cm×高さ8cmの型9〜10個分

イタリアンスポンジ種(仕込み方→p.18)
　　……下記より500g
　┌ ホワイトスターター(p.14)……おたま6杯分
　│ 強力粉(ゆめかおり)……600g
　└ 水……1.5kg
バーム(仕込み方→p.20)
　┌ ホワイトスターター(p.14)……500g
　│ 強力粉(ゆめかおり)……800g
　│ グラニュー糖……15g
　│ 牛乳……100cc
　└ 水……50g
コーングリッツ(粗挽き)……500g
熱湯……1リットル
ａ┌ ホワイトスターター(p.14)……おたま1.5杯分
　│ 強力粉(ゆめかおり)……2kg
　│ 卵……6個
　└ ハチミツ……大さじ2
バター……150g
水……50g
塩……40g
ホールコーン(缶詰)……600g

Method 工程

1 コーングリッツの下準備

➡ 熱湯にコーングリッツを加えて混ぜる

Ａは混ぜはじめ。Ｂのように全体に均一に水分が行きわたったら、粗熱をとり、ビニール袋をかぶせて冷ます。冷めたら冷蔵庫に一晩おき、コーングリッツにしっかりと水を吸わせる。

2 ミキシング

➡ ミキサーボウルにスポンジ種、下準備したコーングリッツ、ａを入れ、低速1分

➡ バターと水を加え、低速2〜3分

➡ こぶし大にちぎったバームを加え、中速3〜4分

➡ 塩を加え、中速2〜3分

➡ ホールコーンを加え、低速3分

➡ こね上げ温度18℃

塩を加えるのは、コーングリッツが均一に混ざり、バームがなじんだ状態Ｃになってから。ホールコーンが均一に混ざり、ツヤがあってのびのよい生地になったらミキシング完了Ｄ。

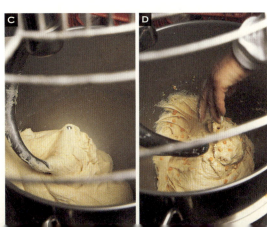

Texas Corn Bread テキサスコーンブレッド

Method 工程

3 発酵

→ ホイロ(33〜34℃・75%)で2時間〜2時間半

約2倍に膨らんだら発酵完了。発酵前 **E**、後 **F**。

4 分割・丸め・ベンチタイム

→ 700g → なまこ形 **G** → 常温15分

5 成形

→ 俵形 → ローフ型

成形の手順は下記の通り。

1 生地を手のひらで押さえてのばす **H**。
2 生地を裏返し、両端が中央で少し重なるように折る。手前から生地を巻き、俵状に形をととのえる **I J**。
3 バターを塗った型に合わせ目を下にして入れる。

6 最終発酵

→ ホイロ(33〜34℃・75%)で約2〜3時間半

生地の高さが型の縁から1cmほどのところまで膨らんだら発酵完了。発酵前 **K**、後 **L**。

7 焼成

→ 195℃・約50分(スチーム1回)

コンベクションオーブンで焼成。スチームは窯入れ直後の1回。ふっくらと膨らみ、こんがりと焼き色がついたら焼き上がり。デッキオーブンで焼くと、クラストはより厚くてパリッとした歯ごたえになり、クラムはよりふっくらと仕上がる(上火220℃・下火215℃で38分、窯入れ直後にスチーム1回)。

BRIOCHE RAISIN
ブリオッシュレーズン

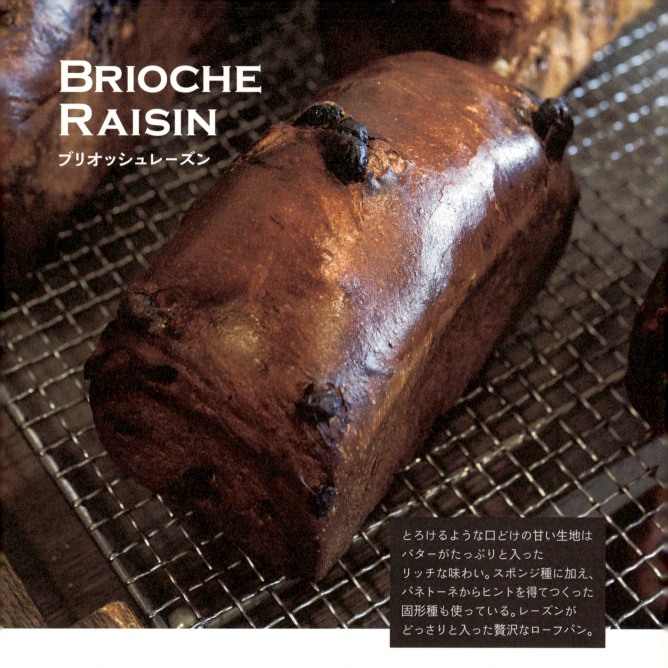

とろけるような口どけの甘い生地は
バターがたっぷりと入った
リッチな味わい。スポンジ種に加え、
パネトーネからヒントを得てつくった
固形種も使っている。レーズンが
どっさりと入った贅沢なローフパン。

リッチな味わいにしたかったのでバターを
たくさん入れたら、ぼろぼろと崩れて食べにくく、
バターの味が勝ちすぎたパンになってしまいました。
そこで、バターをたっぷり使ってもバターの風味に
負けない、口どけのよい生地にするために、
固形種を加えることにしました。固形種を加える
アイデアは、イタリアのパネトーネの製法から。
焼成の3日前から固形種を、
前日にはスポンジ種を仕込みます。
そうやって時間をかけて生地を発酵させるつくり方は、
ブリオッシュというよりパネトーネに
近いかもしれません。このパンは、
レーズンの自然な甘みとやさしい口どけが身上。
軽くトーストするとじんわりおいしいです。
夏場なら、フレンチトーストをつくって、
冷蔵庫で冷やして食べると元気が出ます。（康子）

Brioche Raisin ブリオッシュレーズン

Ingredients 材料

19cm×10cm×高さ8cmの型9個分

スポンジ種（仕込み方→p.18）
　ホワイトスターター(p.14)……おたま4杯分
　強力粉（はるゆたかブレンド）……580g
　グラニュー糖……小さじ2
　牛乳……200cc
　水……400g

ブリオッシュ固形種
　ホワイトスターター(p.14)……700g
　強力粉（はるゆたかブレンド）……1kg
　グラニュー糖……小さじ3
　牛乳……150cc

強力粉（はるゆたかブレンド）……1kg
グラニュー糖……300g
卵……20個
塩……小さじ2
バター……900g
レーズン……2kg
溶き卵（水少量でのばす）……適量

Method 工程

1 固形種をつくる

- ミキサーボウルに材料をすべて入れ、低速3～4分・中速2～3分
- 手で2～3回こねる
- ビニール袋に入れ、常温3～4時間
- さらしで包み、ひもでしばる
- 冷蔵庫(7℃)で1～3日

気温が18℃以下の時期は、常温に3～4時間おく代わりにホイロに2～3時間入れる。さらしで包むときは、生地が空気に直接ふれないようにぴったりと包み、ひもは焼豚をつくるときの要領でぐるぐると全体を巻く。できあがりは表面がなめらかでつるりとしている 。

2 ミキシング

- ミキサーボウルにスポンジ種、強力粉、グラニュー糖半量、卵10個を入れる
- 低速2分
- ちぎった固形種を加え、低速1分
- 卵5個、グラニュー糖の残りを加えて、低速3分・中速3～4分
- 卵5個を加え、中速2分
- 塩を加え、高速7～8分
- バターの半量を加え、中速1～2分
- バターの残り半量を加え、高速8～10分
- レーズンを加え、低速1～2分
- こね上げ温度24～25℃

固形種がしっかりとなじんだら 、卵の残りを加える。卵を加えると、なめらかでツヤのある生地になる 。生地がフックから離れてミキサーボウルの底にペタっとはりつくようになったら 、バターを加える。バターを加えるとふたたび生地がフックにくっつくようになるが 、これがまた底にはりつくようになるまでこね、レーズンを加える。

3 発酵

→ 冷蔵庫で一晩(7℃・15〜21時間)

翌日、生地が約2〜2.5倍に膨らんだら発酵終了。発酵前 J 、後 K 。

4 分割・丸め・ベンチタイム

→ 500g → 丸形 → ホイロ(33〜34℃・75%)で1時間〜1時間半

ベンチタイム前 L 、後 M 。

5 成形

→ 俵形 → ローフ型

成形の手順は下記の通り。

1 生地を手のひらでつぶし、麺棒で長さ約20cmにのばす N 。
2 両端が中央で少し重なるように折り O 、さらに三つ折りにする。
3 合わせ目を手のひらの付け根で押してとじ、転がして俵形に丸める P 。
4 バターを塗った型にとじ目を下にして入れる。

6 最終発酵

→ ホイロ(33〜34℃・75%)で1時間半〜2時間

発酵前 Q 。生地が約2倍になったら発酵完了 R 。

7 焼成

→ 水でのばした溶き卵を塗る S

→ 179℃・37分

コンベクションオーブンで焼成。焼きすぎると生地がパサつくので、表面の焼き色を見ながら焼成時間を調整する。

CHAPTER

5

NUTS & DRIED FRUITS BREAD

ナッツと
ドライフルーツのパン

DIVINE　ディヴァイン

「サンドイッチ・ライ」(p.78)の生地にドライフルーツを練り込み、
ラム酒のきいたドライフルーツのあん3種を
層をなすように包んだフルーツケーキのような味わいの一品。
焼成後にラム酒をたっぷりと塗り、粉糖をかけて美しく仕上げる。
日持ちは1ヶ月ほど。

日本では職人がものをつくるとき、
身体を清めるという話をよく聞きますね。
パン屋も1週間に1回くらいは、そういう神聖な気持ちで魂を込めて
パンをつくったらいいんじゃないか、いや、絶対そうせな、いかん。
そう思ってつくりはじめました。
フランスの南部にそういうパンがあるらしいんです。
神に捧げるパンというのが。
20年か30年くらい前に本で読んだ記憶なんですけどね。
それで「神の」とか「神聖な」という意味がある
「ディヴァイン」という名前をつけました。
ドライフルーツの洋酒漬けや煮込みをたっぷりと使っていますけど、
それは贅沢ということではなくて、
神聖で荘厳なパンをつくろうとしたからなんです。
僕は最初にそのパンを本で見たとき、
これはフランスのシュトーレンやと思ったんです。
だけど、シュトーレンより貫禄があるでしょう。
コストもシュトーレンより高くつきます。
そういう売れても儲からんものも、つくっているんです。
なんでもかんでも儲けに走ったら、商売なんてものは
墓穴を掘ってしまいますから。(五郎)

DIVINE ディヴァイン

Ingredients 材料

19cm×10cm×高さ8cmの型4個分

サンドイッチライの生地(p.80)····2kg
三温糖····100g
バター····100g
塩····小さじ½
サルタナレーズン····200g
ラミーフルーツ*····460g
水····少量
具材
　フィグあん····下記より大さじ1～1.5
　フルーツあん····下記より大さじ1～1.5
　ラミーフルーツ(市販品)*····大さじ1～1.5
スライスアーモンド····適量
ラム酒····200cc
粉糖····適量

* レーズン、リンゴ、パイナップル、チェリー、オレンジピールを洋酒漬けにした市販品を使用。

フィグあん

フルーツあん

フィグあん

1 角切りにしたドライイチジク(500g)とグラニュー糖(70g)、水(約400g)をフライパンに入れ、中火で7～8分煮る。
2 クランベリージャム(大さじ3)を加え、ざっと混ぜる。すぐに火を止め、冷ます。冷蔵で約1ヶ月保存可能。

フルーツあん

1 フライパンにレーズン(1.2kg)、3分割したドライプルーン(800g)、粗みじん切りにしたドライアプリコット(600g)を入れ、グラニュー糖(500g)の⅓量、ひたひたの水を加え、中火にかける。
2 残りのグラニュー糖を2回に分けて加えながら、なるべく混ぜないようにして30分ほど煮込む。
3 汁気がなくなり、ヘラで混ぜるとフライパンの底が見える程度に煮詰まったら、火を止め、ラム酒(200cc)を加え混ぜ、冷ます。冷蔵で約1ヶ月保存可能。

Method 工程

1 ミキシング

→ ミキサーボウルにサンドイッチライの生地、三温糖、バター、塩を入れる
→ 低速1分・中速2分
→ サルタナレーズンを加え、中速1分
→ ラミーフルーツ(460g)と水を加え、中速1～2分・低速1分
→ こね上げ温度17℃

サルタナレーズンが均等に混ざったら**A**、ラミーフルーツを加える。しっとりとしてのびのよい、やわらかい生地に仕上がったらミキシング完了**B****C**。

2 分割・丸め・発酵

→ 600g → 丸形 → 常温2時間～2時間半

発酵前**D**。打ち粉が生地になじんで見えなくなったら発酵終了**E**。

3 成形

→ のばす → 具材を包む → ローフ型

具材を包む手順は下記の通り。

1 生地を麺棒で縦40cm×横20cmにのばす。
2 生地の奥の端にラミーフルーツをのせる**F**。端から約8cmのところで、生地を奥に折ってラミーフルーツを包む。その上にフィグあんをのせ**G**、同様に生地を手前に折る。その上にフルーツあんをのせ**H**、同様に生地を奥に折ってフルーツあんを包み、合わせ目を押さえてとじる**I**。両端の生地の合わせ目も指で押さえてしっかりとじる。
3 天地はそのままで、バターを塗った型に入れる。

4 最終発酵

→ ホイロ(33～34℃・75%)で約1時間半

発酵前**J**、後**K**。発酵後もあまり膨らまない生地だが、焼成するとしっかりと膨らむ。

5 焼成・仕上げ

→ スライスアーモンドをのせる
→ 175℃で約50分(スチーム1回)
→ ラム酒を塗り、粉糖をふる

霧吹きで水を吹きかけてスライスアーモンドをのせ、軽く押さえて表面に貼りつける**L**。スチームは窯入れ直後に1回。焼き上がったら熱いうちに型から取り出し、竹串をさしこんで表面に10ヶ所ほど深さ約5cmの穴をあけ**M**、ハケでラム酒を塗る。竹串で穴をあけるのは、ラム酒を中までしみこませるため。表面が乾いたら、すぐに粉糖をふる。

VIKING BREAD
バイキングのパン

強力粉と水だけでつくるシンプルな生地に、
穀物やドライフルーツ、スパイスをたっぷりと練り込んだ
香り高く、滋味豊かなパン。ぷちぷちとした食感が楽しい。
ほんのり甘いが、どんな料理にもよく合う食事パンだ。
ライスターターを加えることで奥深い風味をプラスし、
具材の味わいが生地によりすんなりとなじむようにしている。

「バイキング」という名前は、海賊ではなく、バイキング料理からきています。
そういうパンを本で読んだんです。オートミールが入った
単なる四角いライ麦パンみたいな感じでしたけど、何をのせてもおいしい
パンだとあって。その「何をのせてもおいしい」というのはいいな、
それならこっちはどんな具材とも相性のよい生地に、木の実なんかを
たっぷり入れて、と考えていったんです。どんなおかずにも合います。
名品中の名品ですよ。新幹線で買いに来るお客さんがいますが、
僕はそれでも損はさせないよと言うんです。その代わり、よく噛んでくれと。
20回噛むところを30回噛んだら、涙が出ますよ。おいしくて。
体にいいものがいっぱい入っているし、薄く切っても食パンみたいに
くしゃくしゃにならないから、紙に包んで弁当代わりにポケットに入れて、
1日1枚よく噛んで食べたら、お年寄りなんかには、
特にいいんじゃないですか。(五郎)

当時、薬膳にこっていて、「おいしい」と「体にいい」を融合させた
パンにしようと、クコの実や松の実、アマランサスなんかを入れていました。
松の実の価格が高騰してたっぷり使えなくなってしまい、「おいしい」と
「体にいい」というところは大切にしつつ、いろいろと試しているうちに
雑穀とドライフルーツ、ナッツたっぷりのいまの形に落ち着きました。
具材にライスターターを加えて一晩おくことで
底深い味わいのパンになります。(康子)

VIKING BREAD バイキングのパン

Ingredients 材料

10.5cm×9.5cm×高さ8.5cmの型10個分

スポンジ種(仕込み方→p.18)
- ホワイトスターター(p.14)……おたま4杯分
- ライスターター(p.14)……おたま3杯分
- 強力粉(ゆめかおり)……400g
- 水……400g

バーム(仕込み方→p.20)
- ホワイトスターター(p.14)……おたま5杯分
- 強力粉(ゆめかおり)……500g

強力粉(ゆめかおり)……900g

具材
- ライスターター(p.14)……おたま2杯分
- 北海道煎り五穀*1……250g
- ドライクランベリー……250g
- サルタナレーズン……200g
- 白ゴマ……150g
- ポピーシード(白)……150g
- ヒマワリの種……150g
- グレインミックス*2……130g
- オーツ麦……120g
- カボチャの種……100g
- クコの実……50g
- シナモンパウダー……小さじ4
- ナツメグパウダー……小さじ3
- クローブパウダー……小さじ2
- クミンパウダー……小さじ2
- 水……600g

水……300g+10g
塩……44g

*1 もち玄米、大麦、キビ、アワ、ライ麦をブレンドした市販品。株式会社ライスアイランド製。
*2 MCフードスペシャリティーズ株式会社の「12-G」という商品を使用。コーングリッツ、ヒマワリの種、ゴマ、オーツ麦、大豆、麦芽、小麦粉などを合わせた粉末状の製品。

Method 工程

1 ミキシング

→ミキサーボウルにスポンジ種、こぶし大にちぎったバーム、強力粉、下準備した具材(下記)、水(300g)を入れる

→低速30秒

→塩、水(10g)を加え、低速2分・中速2分

→こね上げ温度22℃

具材が均一に混ざり、生地にツヤが出たらミキシング完了。こねすぎると具材がつぶれて生地がまとまりにくくなる。

2 発酵

→ホイロ(33〜34℃・75%)で1時間

約1.3倍程度に膨らんだら発酵終了。発酵前 **D** 、後 **E** 。

3 分割・丸め・成形

→600g → 丸形 → 俵形 → ローフ型

成形の手順は下記の通り。

1 丸めた生地を麺棒で楕円形にのばす **F** 。
2 両端が中央で少し重なるように折り、合わせ目を指で押さえてとじる **G** **H** 。
3 手前を少し残して二つ折りにし、合わせ目を手のひらの付け根で押さえてとじる **I** 。
4 両手で転がして俵形に形をととのえ **J** 、バターを塗った型にとじ目を下にして入れる **K** 。

4 最終発酵

→ホイロ(33〜34℃・75%)で2〜3時間

生地が型の8割程度まで膨らんだら発酵終了。

5 焼成

→クープ(格子状)

→上火250℃・下火220℃で36分(スチーム1回)

強力粉をふり **L** 、深さ2mmほどの格子状のクープを入れる **M** **N** 。スチームは窯入れ直後に1回。

具材の下準備

1 ボウルに具材の材料をすべて入れ、ヘラで混ぜる。混ぜはじめ **A** 、終わり **B** 。
2 ボウルにラップフィルムをかけ、冷蔵庫に一晩(7℃・15〜16時間)おく **C** 。

CEREAL ROLL シリアルロール

余ったバイキングのパンの生地をスタッフが丸めて
焼いたのを食べてみたらおいしかったので、
つくるようになりました。クリームチーズを塗るだけでも
おいしく、どんな料理にも合うテーブルロールです。(康子)

Method 工程

➡100gに分割
➡丸形　➡ホイロ(33〜34℃・75%)で1時間
➡ライ麦粉をふり、ハサミで十字の切り込みを入れる
➡200℃で15分(スチームは窯入れ直後1回)

FRUITS BUNDLE フルーツバンドル

香ばしく焼き上げたクラストの中には、
ほろりとやわらかいクラムが。
ドライフルーツの甘みが広がるやさしい味わいで
ドライフルーツのパンの中でも特に人気がある。
紙ひもを十字に掛けた独特のかわいらしいデザインが印象的。

水の代わりに洋ナシのピュレを使うパンのレシピを何かで見て、
やってみたのがはじまり。その後、洋ナシを抜いて、
ドライフルーツのラム酒煮込みを使ってみたら、おいしかったので
いまのつくり方になりました。生地にひもをかけたのは、
パネトーネにデコラティブにリボンをかけて、
きれいに並べて販売しているイタリアの光景を写真で見たのを
思い出したからです。パネトーネもドライフルーツを使うので、
それで連想したんだと思います。試作していたときに、
ニューヨークに住む友だちがちょうど遊びに来ていて、
「これ、かわいいね。フルーツバンドルだね」と言ってくれたことから、
「フルーツバンドル」という名前に。
バンドルはひもでくくった手荷物なんかをさす言葉で、フルーツを
たっぷり使っているパンなので「フルーツバンドル」というわけです。
サワークリームを塗るとさらにおいしさがアップします。(康子)

洋ナシを使うと工程が増えるし、高くついてとてもじゃないけど
見合わない。それだったら、うちはドライフルーツの煮込みを
たくさんつくっているから、それでうまい具合にいけるんじゃないかな、と。
思った通り、洋ナシを使うのと同じくらいおいしいのができました。(五郎)

FRUITS BUNDLE フルーツバンドル

Ingredients 材料

直径13〜15cm・16個分

スポンジ種(仕込み方→p.18)
- ホワイトスターター(p.14)……おたま4杯分
- 強力粉(ゆめかおり)……200g
- 全粒粉(DC全粒粉)……200g
- グラニュー糖……小さじ4
- 牛乳……50cc
- 水……450g

バーム(仕込み方→p.20)
- ホワイトスターター(p.14)……おたま5杯分
- 強力粉(ゆめかおり)……900g
- 全粒粉(DC全粒粉)……50g
- ライ麦粉(ロッゲンメール ナチュラル)……50g
- 水……200g

a
- 強力粉(ゆめかおり)……500g
- グラニュー糖……150g
- バター……50g
- モルトエキス……大さじ1
- 水……150〜170g

塩……小さじ1

カシューナッツ……200g

- ドライイチジク……250g
- ドライクランベリー……180g
- ドライパイナップル……130g

b ラミーフルーツ*……100g
- ラムレーズン……70g
- チェリーの洋酒漬け……50g
- オレンジピールのラム酒漬け……40g

＊レーズン、リンゴ、パイナップル、チェリー、オレンジピールを洋酒漬けにした市販品を使用。

Method 工程

1 ミキシング

→ ミキサーボウルにスポンジ種、こぶし大にちぎったバーム、a を入れ、低速2分・中速5分

→ オートリーズ20〜30分

→ 低速30秒〜1分

→ 塩を加え、中速3分・低速2分

→ カシューナッツを加え、低速1分

→ b を加え、低速1分

→ こね上げ温度20〜22℃

生地がまとまったら A、オートリーズをとる。こね上げ温度が20℃になったら B、カシューナッツを加える。生地を白く仕上げたいので、ドライフルーツを加えたあとは混ぜすぎない。ツヤがあってきめ細かく、のびのよい生地になったらミキシング完了 C。

2 発酵

→ ホイロ(33〜34℃・75%)で2時間半

約1.5倍に膨らんだら発酵終了。発酵前 D、後 E。発酵がすすまない場合は、発酵途中で軽くパンチするとよい(手のひらで生地全体を軽くたたき、三つ折りして容器に戻す)。

3 分割・丸め・ベンチタイム

→ 350g → 丸形 → ホイロ(33〜34℃・75%)で30分

分割した生地は手でのばし、二つ折りして丸めることを2〜3回繰り返す。F はベンチタイム終了後。

4 成形

→ 丸形 → ひもを十字にかける

クッキングペーパーを幅3cm、長さ1mに切り、軽くよりをかけてひもとする。生地を丸めなおし、とじ目を下にしてひもを十字にかけ、上で蝶結びにする G H I。余分なひもはハサミで切る。ひもをかけるときは、最終発酵・焼成で膨らむことを考え、指1本分くらいのゆるみをもたせる。

5 最終発酵

→ ホイロ(33〜34℃・75%)で30分

J は発酵前。生地が膨らみ、ひものゆるみがなくなったら発酵終了 K。

6 焼成

→ 200℃・33分(スチーム2回)

コンベクションオーブンで焼成。スチームは窯入れ直後と10分後の2回。

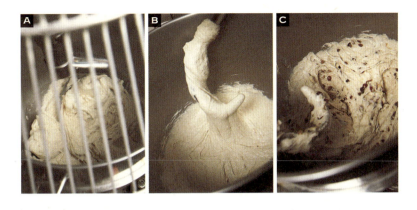
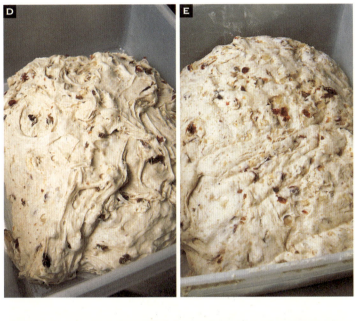

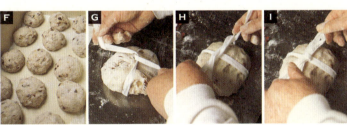

Fruits Horn
フルーツホーン

ドライフルーツとナッツ入りの生地で
ドライフルーツの煮込みを包むアイデアは、
ウィーンのイースト菓子から発想。
クープから蜜が吹き出し、
表面がつややかな黒色になるまで焼く。
しっかりとした歯ごたえがあり、
常温で20日間ほど日持ちする。

プルーンにこっていた時期があって、
紅茶に浸して毎日、食べていたんです。
プルーンはお値段も味も
ピンキリなんですが、
プレミアムプルーンという、
高価だけれどとてもおいしい
プルーンを取り寄せて。
お菓子などにも使っていました。
そのプレミアムプルーンや
ドライアプリコットなどで
フルーツの煮込みをつくり、
フルーツバンドルの生地で包んだ
「フルーツホーン」。本当に好きです。
薄くカットしてチーズや
サワークリームをのせたり、
アイスクリームをのせたり。
洋酒に浸けてお菓子感覚で食べても
おいしいです。(康子)

Ingredients　材料

長さ20cm・1個分

フルーツバンドルの生地(p.134)……350g
フルーツあん(p.126)……大さじ3
溶き卵(少量の水でのばす)……適量

Method　工程

1 分割・丸め・ベンチタイム

➡ 350g ➡ 丸形 ➡ ホイロ(33〜34℃・75%)で20分

分割した生地は二つ折りにして丸め、転がして表面を張らせる。ベンチタイム前 **A**、後 **B**。

2 成形

➡ フルーツあんを包む ➡ バゲット形(20cm)

フルーツあんの包み方は下記の手順。

1. 生地を手のひらで押さえてのばし、麺棒で30cm×10cmにのばす **C**。
2. フルーツあんを1個につき大さじ3のせる **D**。
3. 生地を二つ折りにしてフルーツあんを包み **E**、合わせ目を手のひらの付け根で押さえてとじる。
4. 転がしてバゲット形にととのえる **F**。

3 最終発酵

➡ ホイロ(33〜34℃・75%)で約20分

発酵前 **G**。

4 焼成

➡ 溶き卵を塗る ➡ クープ3〜4本 ➡ 200℃・33分

溶き卵を塗ったら、ライ麦粉をふる。クープは斜めに3〜4本 **H**。コンベクションオーブンで焼成する。クープからフルーツあんの蜜が吹き出し、表面が紫がかった黒色になったら焼き上がり **I**。

FRUITS 800
フルーツ800

ライ麦粉と全粒粉入りの生地にドライフルーツとアーモンドを
たっぷりと練り込み、型に入れて焼成した、
みっちりと目が詰まったパン。名前の800は生地を800gに
分割するところから。ドライフルーツがたっぷり入るので
味わいに深いコクが加わり、日持ちもよい。

フランスから来た高級食料品店が、昔、ドライフルーツを入れた
黒っぽい生地のパンをつくっていて。当時のパンの値段としては
ばかみたいに高かったんですけれど、さらにあと50円高くてもいいから、
ドライフルーツをもっとたくさん入れてくれたらいいのに、と
いつも思っていました。このお店に限らず、
なぜもっと入れてくれないんだろうと思うことがよくあって。
それで、いっぱい入ったパンを夫に考えてもらいました。
完成したときは大満足。ライ麦と全粒粉が入ったしっかりとした
黒っぽい生地に、ドライフルーツがところ狭しと入っていて、
これこれ！という感じ。ドライフルーツをたくさん入れた結果、
なぜかはわかりませんが、副産物として
大変に日持ちのよいパンになりました。(康子)

FRUITS 800　フルーツ800

Ingredients　材料

19cm×10cm×8cmの型 11〜12個分

フルーツ800のプーリッシュ種*1
| 強力粉(ゆめかおり)……400g
| インスタントドライイースト……小さじ1/2強
| 水……450g
バーム(仕込み方→p.20)
| ホワイトスターター(p.14)……おたま10杯分
| 強力粉(ゆめかおり)……1kg
| ホワイトスターター(p.14)……おたま2杯分
| 強力粉(ゆめかおり)……1.7kg
| 全粒粉(DC全粒粉)……150g
| ライ麦粉(ロッゲンメール ナチュラル)
a   ……150g
| 三温糖……530g
| 塩……20g
| シナモンパウダー……小さじ2.5〜3
| 水……1.7kg
カリフォルニアレーズン……1kg
| サルタナレーズン……500g
| アーモンド……210g
b ドライイチジク(半分に切る)……210g
| ドライクランベリー……210g
| ミックスドライフルーツ*2……210g
水……150g
溶き卵(水でのばす)……適量

*1 材料を容器に入れてヘラで混ぜ、常温に3〜4時間おく。
*2 レーズン、ドライクランベリー、ドライパパイヤ、ドライパイナップルをミックスした市販品

Method　工程

1 ミキシング

→ ミキサーボウルにプーリッシュ種と a を入れ、低速2分・中速2分・低速1分
→ カリフォルニアレーズンと水(150g)を加え、低速30秒
→ b を加え、低速2分
→ こね上げ温度22〜23℃

生地が A のようにひとまとまりになったら、カリフォルニアレーズンを加え、B のように均一に混ざったら、b を加える。具材がすべて均一に混ざり、生地がなめらかになってツヤが出たらミキシング完了。

2 発酵

→ ホイロ(33〜34℃・75%)で1時間

約2倍に膨らんだら発酵終了。発酵前 C はまだややかたく、発酵後 D はふっくらとのびのよい生地に。

3 分割・丸め・成形

→ 800g → 丸形 → 俵形 → ローフ型

成形の手順は下記の通り。
1. 丸めた生地を麺棒で長方形にのばす E 。
2. 両端が中央で少し重なるように折り、合わせ目を手のひらの付け根で押さえてとじる F 。
3. 手前を少し残して二つ折りにし、合わせ目を手のひらの付け根で押さえてとじる G 。
4. 巻き終わりを下にして生地を転がし H 、長さ18cmの俵形にする I 。バターを塗った型にとじ目を下にして入れる J 。ドライフルーツが表面に出ていると焦げるので、はみ出ていたら生地の中に押し込む。

4 最終発酵

→ ホイロ(33〜34℃・75%)で50分

型の9割程度まで膨らんだら発酵終了。

5 焼成

→ 水でのばした溶き卵を塗る K
→ 200℃・18分 → 170℃・35分

コンベクションオーブンで焼成。

FRUITS NOIR
フルーツノワール

「フルーツ800」の生地を
350gに分割し、なまこ形に成形。
ドライフルーツとアーモンドが
たっぷり入った生地は
味わいが濃厚で、ワインによく合う。

初期のレシピでは全粒粉がもっと多くて、
じょりじょりした感じの生地でした。でも、
「フルーツ800」(p.138)の生地を使ってみたら、
みっちりと詰まった食感でこちらのほうがいいね、と
あっという間にいまのつくり方になりました。

「フルーツ800」は食事パンとして
召し上がる方が多いのですが、
「フルーツノワール」は薄く切ってワインと一緒に、
という方が多いようです。
カッテージチーズをのせても、おいしいです。(康子)

Ingredients 材料

長さ17～18cm・27個分

フルーツ800の生地····p.140掲載の全量
溶き卵（水でのばす）····適量

Method 工程

1 分割・丸め・成形

➡ 350g ➡ 丸形 ➡ 棒状（長さ18cm）

成形の手順は下記の通り。

1. 丸めた生地Aを麺棒で楕円形にのばすB。
2. 両端が中央で少し重なるように折り、合わせ目を押さえてとじるC。
3. 手前を少し残して二つ折りにし、合わせ目を手のひらの付け根で押さえてとじるD。
4. とじ目を下にして生地を転がしE、長さ18cmの棒状にする。両端を指でつまんでとじるF。ドライフルーツが表面に出ていたら、生地の中に押し込む。

2 最終発酵

➡ ホイロ（33～34℃・75%）で1時間

ひとまわり大きくなったら、発酵終了。発酵前G。

3 焼成

➡ 水でのばした溶き卵を塗るH

➡ 200℃・10分

➡ 170℃・25分

コンベクションオーブンで焼成する。

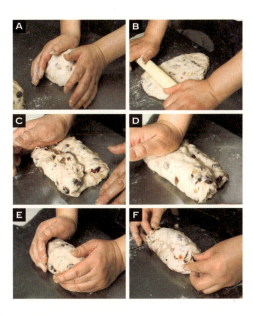

Sweeter Bread with Dates and Figs

デーツといちじくの甘めのパン

砂糖を加えない、シンプルなハード系生地に、デーツとイチジクをたっぷりと練り込んだ個性的な風味、食感のパン。デーツが焦げやすいので、表面に出ないよう、ていねいに成形を。

デーツ(ナツメヤシ)がまだ珍しかった頃からつくっているパンです。最初はデーツだけ入れていたのですが、やや単調に思ったのでドライイチジクを加えました。噛みごたえや甘さが魅力の、ちょっと個性的なパンです。チーズと召し上がると絶品です。薄くカットしてブルーチーズやカマンベールをはさむのがおすすめ。トーストしてもそのままでもおいしいです。

チーズはあまり少ないと味わいが出ませんので、ある程度たっぷりと。あっという間に1個を食べきってしまいます。もしくは、カリッと焼いて、アイスクリームやフローズンヨーグルトをのせたら、急いでパクリ。グランマルニエをちょっとたらしたら、ナイフとフォークを用意したくなる。そんなおいしさになります。(康子)

Ingredients 材料

直径10〜11cm・7〜8個分

a:
- ホワイトスターター(p.14)‥‥おたま5杯分
- フランスパン用粉(特ラインゴールド)‥‥840g
- 全粒粉(DC全粒粉)‥‥160g
- グラニュー糖‥‥113g
- モラセスシロップ‥‥大さじ2
- 塩‥‥10g
- 水‥‥400g

デーツ(¼に切る)‥‥150g
ドライイチジク(半分に切る)‥‥200g

Method 工程

1 ミキシング

➡ ミキサーボウルに a を入れ、低速2分・中速2分
➡ デーツとドライイチジクを加え、低速2分
➡ こね上げ温度 17〜18℃

ドライフルーツを加えたら、均一に混ざるように途中ミキサーを止めて手で混ぜながらこねる。ドライフルーツが均等に混ざったらミキシング完了。

2 発酵・復温

➡ 冷蔵庫で一晩(7℃・15〜21時間) ➡ 常温2時間

約1.5倍に膨らんだら発酵終了。発酵前 A 、後 B 。

3 分割・成形

➡ 310g ➡ 丸形

4 最終発酵

➡ ホイロ(33〜34℃・75%)で2〜3時間

ひとまわり大きくなったら発酵終了。発酵前 C 、後 D 。

5 焼成

➡ クープ(らせん状)
➡ 200℃(スチーム50%)・25分

ライ麦粉をふり、下からてっぺんまで深さ3mmほどのクープをらせん状に入れる E 〜 H 。コンベクションオーブンで焼成。

WALNUTS BREAD くるみパン

10％ほど全粒粉を加えてコクと香ばしさを出したリーンな生地に、ローストしたクルミをたっぷりと練り込んだ食事パン。全粒粉入りのスポンジ種とビガの合わせ使いで、ふっくらとして香りよく、食べやすいパンに。

うち、クルミを使ったパンがいろいろあるんです。むちっとした白い生地の「ソフトクルミ」とか、くるみパンと同じ生地をつかった「くるみバゲット」とか、モンキーブレッドから発想した「クルミシナモンローフ」（p.148）とか。その中で、「くるみパン」はお料理と一緒に召し上がる方が多いようです。実は最初は、もうちょっとハードなサワーブレッドでした。でも、クルミ入りのパンが好きな方はサワー生地の酸味をよしとされない向きが多くて。それで段々酸味を抑える方向にもっていって、生地もやわらかくしました。いまでは毎日必ず売り切れるようになりました。（康子）

Ingredients 材料

長さ16cm・6個分

くるみパンのスポンジ種（仕込み方→p.18）
| ホワイトスターター（p.14）……おたま3杯分
| フランスパン用粉（ドヌール）……250g
| 全粒粉（DC全粒粉）……50g
| 水……300g

ビガ（仕込み方→p.21）……下記より750g
| フランスパン用粉（特ラインゴールド）……4kg
| インスタントドライイースト……8g
| 水……2.2kg

a
| ホワイトスターター（p.14）……おたま1杯分
| フランスパン用粉（ドヌール）……1.5kg
| 全粒粉（DC全粒粉）……150g
| 水……900g

塩……36g
水……50g
クルミ……250g

Method 工程

1 ミキシング

➡ ミキサーボウルにスポンジ種、こぶし大にちぎったビガ、**a**を入れ、低速1分

➡ 塩と水を加え、低速1分・中速1分

➡ クルミを加え、低速4分

➡ こね上げ温度17〜18℃

クルミは生地がまとまってきてから加える。全体に均一に混ざり、生地にツヤが出たらミキシング完了。

2 発酵・復温

➡ 冷蔵庫で一晩（7℃・15〜21時間）

➡ 室温2時間

生地が約1.2倍に膨らんだら発酵終了。発酵前**A**、後**B**。

3 分割・成形

➡ 350g ➡ 丸形 **C**〜**E**

4 最終発酵

➡ ホイロ（33〜34℃・75%）で2〜3時間

約1.5倍に膨らんだら発酵終了。発酵前**F**、後**G**。

5 焼成

➡ クープ1本

➡ 上火245℃・下火220℃で30分（スチーム1回）

ライ麦粉をふり、スリップベルトへ移す。クープは深さ5mmで、中央に弧を描くように1本**H**。スチームは窯入れ直後の1回。

A

B

C

D

E

F

G

H

MONKEY LOAF BREAD クルミシナモンローフ

小さく丸めた生地をたくさん型に詰め、シロップをかけて焼く、
アメリカの「モンキーブレッド」をアレンジ。
生地にはシナモンを練り込み、クルミとシナモンシュガーと
ともに型に詰め、カリッとした食感に焼き上げている。

アメリカでは長い歴史のある定番のパンです。
アメリカでも日本でも、どのお店のものを食べても、ヌガーっぽい、
ねちねち、にゅるっとしたものばかりなんですよね。
つやつやしていて、カリカリでぱりんと割れる、
クロッカンのようなモンキーブレッドが食べたくてつくりました。
たっぷりと詰めたシナモンシュガーが溶けて飴状になり、
小さく丸めた生地とクルミをつなぎます。「ライスチョコレート」という、
ポン菓子をチョコレートでかためたものがありますが、
ああいうイメージです。大きく焼かないとガリッとした食感が出せないので、
ちょっと大きいかなと思いましたけれど、ローフ型を使いました。
お茶うけにするには危険なくらい、砂糖がたくさん入っているんですが、
「ひとりで丸ごと食べちゃうわ、これくらい」とおっしゃるお客さまが
意外に多くてびっくり。スライスしようとしても崩れてしまうので、
手で割って召し上がっていただきます。
日持ちがよく、紅茶のおともに最適なパンです。(康子)

Monkey Loaf Bread クルミシナモンローフ

Ingredients 材料

17.5cm×8.5cm×高さ4.5cmの型 4〜5個分

スイートドウ生地⋯p.155掲載の半量
シナモンパウダー⋯大さじ1
具材(1個あたり)
a ┌ スライスアーモンド⋯15g
  │ クルミ⋯140g
  └ シナモンシュガー*⋯85g

＊三温糖(800g)とシナモンパウダー(20g)を混ぜ合わせたもの。

Method 工程

1 ミキシング

→ スイートドウ生地にシナモンパウダーを加え、低速で2分こねる
→ こね上げ温度21℃

2 発酵・復温

→ 冷蔵庫で一晩(7℃・15〜21時間) → 常温1時間

翌朝には約1.2〜1.5倍に膨らんでいる。発酵前 **A**、後 **B**。

3 分割・丸め・成形

→ ひも状 → 12g → 丸形
→ クルミ、シナモンシュガーとともにローフ型に詰める

生地は適宜、分割して直径1.5〜2cmのひも状にのばし **C**、12gに分割する **D**。成形している間、だれないようにビニールをかけて冷蔵庫においておき **E**、必要な分だけそのつど取り出して使う。成形の手順は下記の通り。

1 型に離型油をスプレーする。オーブンペーパーを敷き、ペーパーにも離型油をスプレーする。ペーパーの上にアーモンドスライスを敷き **F**、クルミを5g入れる **G**。
2 クルミの間や、型とクルミの間を埋めるようにシナモンシュガーを約大さじ1.5〜2詰める **H**。
3 生地8個を等間隔に並べる **I**。
4 生地の間や、型と生地の間を埋めるようにクルミ55gを詰める **J**。
5 クルミの間や、型とクルミの間を埋めるようにシナモンシュガーを約大さじ6詰める **K**。
6 シナモンシュガーに水がまわってしっとりと水が浮くまで、霧吹きで水をかける **L**。
7 3〜6と同様に生地を8個並べ、クルミ80gとシナモンシュガー約大さじ7を順に詰め、霧吹きで水をかける **M**〜**P**。

焼成中にシナモンシュガーが溶けて生地とクルミをつなぐことで、四角い形に焼き上がる。型の四隅と縁にシナモンシュガーがきっちりと詰まっていないときれいな四角にならず、生地とクルミがバラバラになって崩れてしまうので、ていねいに詰める。

4 最終発酵

→ ホイロ(33〜34℃・75%)で40〜50分

生地がひとまわり大きくなり、グラニュー糖の間から顔を出していたら発酵終了。発酵前 **Q**、後 **R**。

5 焼成

→ 163℃・40分

コンベクションオーブンで焼成。焼きあがったらオーブンペーパーを持ってそっと型から取り出し、網の上で冷ます。冷めたらオーブンペーパーをそっとはがす。

CHAPTER

6

OTHERS
甘いパン、しょっぱいパン

APPLE PILLOW
アップルピロウ

卵、牛乳、バターを加えた甘めで
やわらかい生地にリンゴのコンポートと
ミンスミートをたっぷりと包んでいる。
シナモンシュガーをかけて香ばしく
焼き上げた、おやつにぴったりのパン。

「クルミシナモンローフ」(p.148)の生地が余ったときに、夫がリンゴのコンポートやミンスミートを包んで焼いてくれることがあって、それがあまりにおいしかったので店に出すようになりました。具材を包んだ姿が枕そのものの形をしていたので、名前はそこから。ミンスミートはイギリスではパイなどに使われるドライフルーツの洋酒漬け。ラム酒、スパイス、レモンなどを加えて手づくりしています。生地もフィリングも上品で繊細で贅沢な味わい。

薄く切って、ていねいに淹れた紅茶と一緒に食べるようなパンです。(康子)

このパンは誰にでもつくれます。そして、つくればつくるほど売れます。だから、この本を見た人にはぜひ真似してほしいと思っています。プロは売れてなんぼだと僕は思うんです。おいしいだけでは、そこで終わり。プロなら売れなきゃいかん。(五郎)

Ingredients　材料

17.5cm×8.5cm×高さ4.5cmの型9個分

スイートドウ生地
- バーム（仕込み方→p.20）
  - ホワイトスターター（p.14）……おたま5杯分
  - 強力粉（ゆめかおり）……500g
- 全卵……3個
- 強力粉（ゆめかおり）……250g
- ａ グラニュー糖……150g
- 塩……15g
- 牛乳*1……50cc
- バター……122g+適量

具材（1個あたり）
- リンゴ煮（p.191）……3切れ
- リンゴ煮（ピュレ状）*2……大さじ3
- ミンスミート（p.191）……小さじ1
- シナモンシュガー*3……大さじ2

仕上げ（1個あたり）
- グラニュー糖……2g
- シナモンシュガー*3……2g
- 溶き卵（水でのばす）……適量

*1 人肌に温めておく。
*2 リンゴ煮（p.191）をミキサーで粗めのピュレ状にしたもの。
*3 三温糖（800g）とシナモンパウダー（20g）を混ぜ合わせたもの。

Method　工程

1　スイートドウ生地のミキシング

→ ミキサーボウルにこぶし大にちぎったバーム、全卵の半量を入れ、低速20〜40秒

→ 全卵の残りを加え、低速20〜40秒

→ ａ を⅓量ずつ加え、そのつど低速20〜40秒

→ 牛乳を加え、低速2分・中速2分

→ バター（122g）を加え、低速2分・中速2分

→ こね上げ温度21℃

バターを加えるのは、バームが混ざり、生地がなめらかにつながってから **A**。生地がつきたての餅のようになめらかでのびのある状態になったらミキシング完了 **B C**。

2　発酵・復温

→ 冷蔵庫で一晩（7℃・15〜21時間）

→ 常温1時間

翌朝、約1.2〜1.5倍に膨らんでいれば発酵終了 **D**。

APPLE PILLOW アップルピロウ

Method 工程

3 分割・丸め・ベンチタイム

➡ 200g ➡ 丸形 ➡ 常温 10〜20分

4 成形

➡ 具材を包む ➡ ローフ型

成形の手順は下記の通り。

1. 丸めた生地を麺棒で縦25cm×横15cmの長方形にのばす。生地の手前1/4にシナモンシュガー(大さじ1)をふり **E**、上にリンゴ煮を並べる **F**。
2. 生地を手前に折り返して、リンゴ煮を覆う。折り返した生地の上にシナモンシュガー(大さじ1弱)をふり **G**、ミンスミートとリンゴ煮(ピュレ状)を順にのせ **H I**、シナモンシュガー(大さじ1/2)をふる **J**。
3. 生地を奥に折り返して具材を覆い **K**、合わせ目を指でつまんでしっかりととじる **L**。バターを塗った型に入れる。

5 最終発酵

➡ ホイロ(33〜34℃・75%)で1時間

生地がひとまわり大きくなったら発酵終了。発酵前 **M**、後 **N**。

6 焼成

➡ 172℃・26分

表面に水でのばした溶き卵をハケで塗り、グラニュー糖とシナモンシュガーをどちらも虹を描くように順にふる **O P**。コンベクションオーブンで焼成する。

APPLE CINNAMON PILLOW

アップルシナモンピロウ

牛乳、バター、粉糖を加えた口どけのよい生地を使用。シナモンシュガーをたっぷりとふった生地でリンゴのコンポートとカスタードクリーム、ミンスミートを巻き、もう1枚の生地で包んで焼き上げる。なめらかな口あたりの一品。

Apple Cinnamon Pillow アップルシナモンピロウ

このパンに使っている生地は、いろんな具材を巻き込んだサンドイッチのようなシリーズをつくろうと考えたもの。どんなフィリングにも合うように牛乳やバター、砂糖を加えてコクを出し、口あたりのなめらかな生地に仕上げています。はじめはウィークエンドシリーズという名前だったんですが、焼き上げた形がアップルピロウによく似ているので、こちらもピロウという名前のシリーズにしました。生地はアップルピロウとはまったくちがった配合で、こちらはサンドイッチ感覚でパクパクといくらでも食べられるような味わいにしています。天然酵母の酸味をマイルドにするため、砂糖はやや多めに配合していますので、分量は好みに合わせて調整してください。(康子)

Ingredients 材料

19cm×10cm×高さ8cmの型・27個分

ホワイトサテン生地
　ホワイトサテンスポンジ種(仕込み方→p.18)
　　ホワイトスターター(p.14)……おたま6杯分
　　強力粉(ゆめかおり)……500g
　　グラニュー糖……小さじ2
　　牛乳……470～500cc
　　水……200g
　┌ ホワイトスターター(p.14)
　│　　……おたま1.5杯分
　│ 強力粉(ゆめかおり)……3kg
a┤ 粉糖……270g
　│ 生クリーム……350g
　└ 水……1リットル
　塩……46g
　バター……250g+適量
具材(1個あたり)
　カスタードクリーム(p.190)……大さじ3
　シナモンシュガー(p.155)……小さじ4
　リンゴ煮(p.191)……10～12切れ
　ミンスミート(p.191)……小さじ1
　溶き卵(水でのばす)……適量

Method 工程

1 ミキシング

➡ ミキサーボウルにスポンジ種とaを入れ、低速3分

➡ 塩を加え、中速2分

➡ バター(250g)を加え、低速2分・中速1分

➡ こね上げ温度17～18℃

生地の表面がつるっとして全体がまとまってきたら塩を加える。光沢とツヤのあるなめらかな生地になったらミキシング完了 A 。

2 発酵

➡ 冷蔵庫で一晩(7℃・15～21時間)

生地をボウルに入れ、表面にバター(適量)を塗り、ボウルごと密閉容器に入れる。1.5～2倍に膨らんだら発酵終了。発酵前 B 、後 C 。

3 分割・丸め・ベンチタイム

➡ 150g+100g ➡ 丸形 ➡ 常温15分

150g(内側用)と100g(外側用)に分割し、どちらも転がして軽く丸める D 。

4 成形

➡ 具材を包む ➡ 俵形 ➡ ローフ型

成形の手順は下記の通り。

1. 内側用の150gの生地を麺棒で21cm×16cm、厚さ5mm程度の四角形にのばす。
2. 横長に置き、左右の端からそれぞれ1/3のところまでカスタードクリームを大さじ1.5ずつ塗る。カスタードクリームの上にシナモンシュガーを小さじ2ずつふり **E**、リンゴ煮を5～6切れずつのせる **F**。
3. 両端から中心に向かって生地を巻く **G** **H**。巻いた生地の間にミンスミート小さじ1をのせる **I**。
4. 外側用の100gの生地を麺棒で23cm×16cm、厚さ5mmにのばし、横長に置く。両端から2cmほどを残し、シナモンシュガーを全体にふる。
5. 外側用の生地の中央に、3の生地を巻き終わりを上にして置く **J**。外側用の生地で内側用の生地を包み **K**、合わせ目を指でつまんでしっかりととじる **L**。バターを塗った型にとじ目を下にして入れる **M**。

5 最終発酵

➡ ホイロ(33～34℃・75%)で1時間半～2時間半

生地がひとまわり大きくなったら発酵終了。

6 焼成

➡ クープ1本

➡ 172℃・26分

ハケで表面に水でのばした溶き卵を塗り、シナモンシュガーをふる **N**。中の具材が見える深さまで、中央に1本クープを入れる **O**。コンベクションオーブンで焼成する。

Sweet potato, Pumpkin & Red beans Pillow

芋南瓜小豆ピロウ

焼きイモ、カボチャ、小豆の蜜煮……
女性に人気の食材をなめらかな
生地で包んだ、和菓子のような
たたずまいのパン。やさしい甘さ、
やわらかな口あたりが後を引く。

女性の好きなものを集めてみました、という一品。
たっぷりの具材を包んで焼いたパンのシリーズ
「ピロウ」の中でも特に人気があります。チーズを入れることで、
全体の味がひとつにまとまります。(康子)

Ingredients 材料

17cm×8cm×高さ6cmの型1個分

ホワイトサテン生地(p.158)……210g
サツマイモ(焼いたもの)*1……130g
カボチャ(蒸したもの)*2……75g
アズキの蜜煮(市販)……50g
シュレッドチーズ……60g
溶き卵(水でのばす)……適量

*1 洗ってアルミ箔で包み、200℃のデッキオーブンに入れてときどき上下を変えながらやわらかくなるまで約70〜80分焼き、皮をむく。
*2 皮をむき、1.5〜2cm角に切って蒸し器で約8分半蒸す。

Method 工程

1 分割・丸め・ベンチタイム

➡ 210g ➡ 丸形 ➡ 常温15分

2 成形

➡ 具材を包む ➡ 俵形 ➡ ローフ型

成形の手順は下記の通り。

1 生地を麺棒で縦25cm×横15cm、厚さ5mmの四角形にのばす。
2 手前からサツマイモ、カボチャを順に並べる。その奥に生地端から2cmを残してシュレッドチーズを敷き、上にアズキの蜜煮を置く **A**。
3 手前から奥に向かって生地を巻き **B**、巻き終わりを指でつまんでしっかりととじる **C**。バターを塗った型にとじ目を下にして入れる **D**。

3 最終発酵

➡ ホイロ(33〜34℃・75%)で30分

生地がひとまわり大きくなったら発酵終了。

4 焼成

➡ クープ3本
➡ 200℃・約25分

水でのばした溶き卵をハケで表面に塗り、中の具材が見える深さまで、斜めに3本クープを入れる **E**。200℃のコンベクションオーブンで焼成する。

CHOCOLATE CRANBERRY
チョコクランベリー

ココアパウダー入りの生地に粗く砕いたチョコレートと
クランベリーをたっぷり加えたハード系パン。
生地はみっしりと詰まっていて歯切れがよい。
濃厚なチョコレートと酸味のきいたクランベリーが
ほどよいリズムで現れ、濃密でありながら
食べ飽きない味わい。

チョコとクランベリー。おいしいですよね、この組み合わせ。アメリカではどこのパン屋さんにもあります。ちゃんとハード系のパンです。ココアもしっかり使っています。このココアがよいものでないと、よい商品になってくれません。さらに、ていねいにつくらないと、雑な味になります。こう見えて気難しい。ココアがたくさん入ったまとまりにくい生地をうまく丸めて、チョコレートやクランベリーが表面に飛び出ないように、きれいなブール形にするのはなかなか大変。うまくいかないと、ぼそぼそとした生地になってしまうんです。なので、ひたすらていねいに丸めて、充分に発酵させたらクープを入れて、時間をおかずにぱっと焼く。気が抜けない商品です。（康子）

Ingredients 材料

直径13cm・12個分

a ┌ ホワイトスターター(p.14)……おたま5杯分
  │ 強力粉(ゆめかおり)……1kg
  │ 強力粉(スーパーフォルテ)……500g
  │ ココアパウダー……240g
  │ グラニュー糖……300g
  │ 塩……12g
  └ 水……900g
水……450〜500g
クランベリー(冷凍)……170g
製菓用スイートチョコレート(カカオ分50%)*
　　……375g

＊「クーベルチュール セレクショーネ バニーユ(スイート)」(大東カカオ株式会社製)を使用。板チョコ状のクーベルチュール。小さめにカットして使用。

Method 工程

1 ミキシング

→ ミキサーボウルに a を入れ、低速2〜3分
→ 水(450〜500g)を加え、低速1分
→ クランベリーとチョコレートを半量ずつ加え、中速2分
→ クランベリーとチョコレートの残りを加え、中速2〜3分
→ こねあげ温度11〜12℃

クランベリーの水分量が少なくて生地がかたいようなら、水を適宜足し、中速でさらに1〜2分まわす。生地にツヤがでて、なめらかになったらミキシング完了。チョコレートが溶けないよう、こね上げ温度は低めにおさえる。

2 発酵・復温

→ 冷蔵庫で一晩(7℃・15〜21時間)
→ 常温2時間

約1.5倍に膨らんだら発酵終了。発酵前 A 、後 B 。

3 分割・成形

→ 350g → 丸形 C 〜 E

4 最終発酵

→ ホイロ(33〜34℃・75%)で1〜2時間

ひとまわり大きくなったら発酵終了。発酵前 F 、後 G 。

5 焼成

→ クープ(十字) → ライ麦粉をふる
→ 200℃(スチーム50%)・30分

表面に霧吹きで水をかける。こうするとツヤのある焼き上がりになる。クープは深さ約3mmで、十字に入れる H 。コンベクションオーブンで焼成する。

OLIVE FOREST
オリーブの森

ホワイトスターターとフランスパン用粉、塩、水のみで仕込んだシンプルな生地に、黒オリーブとマジョラムを練り込んでいる。やわらかなクラムの中にときどき現れる、オリーブのつぶつぶ感と塩気がアクセント。

しっとりとしたやわらかめの生地で、サンドイッチにすると生き生きとした、おいしいのができます。かじっていて、時々、オリーブのなんとも言えない塩気がぽちっとあらわれると、おにぎりを食べていて塩鮭にあたったみたいな感じのおいしさがあるんです。

おすすめは、厚く切ったパンにソテーした野菜をのせて、バルサミコ酢をたらして、もう1枚でぎゅーっとはさんだサンドイッチ。グリルしたナスのオリーブオイル漬けなどを、ちょっとはさむだけでも格別のおいしさです。ワインにもよく合います。(康子)

Ingredients 材料

長さ16cm・8個分

a
- ホワイトスターター(p.14)……おたま5杯分
- フランスパン用粉(特ラインゴールド)……950g
- 塩……16g
- マジョラム(ドライ)……1つまみ
- 黒オリーブ(粗く刻む)……35個
- 水……400～450g

黒オリーブ(半分に切る)……8個

Method 工程

1 ミキシング

➡ ミキサーボウルに a を入れ、低速2分・中速2分

➡ こね上げ温度17～18℃

マジョラムと黒オリーブをミキサーボウルに入れる際は、均一に混ざるように全体にちらすとよい。黒オリーブの水分量が少なく、生地がかたいようであれば、水(分量外)を少量ずつ加えながらこねる。表面がつるっとしてなめらかになったら、ミキシング完了。

2 発酵・復温

➡ 冷蔵庫で一晩(7℃・15～21時間)

➡ 常温1時間

発酵前 A 、後 B 。

3 分割・成形

➡ 350g ➡ 丸形 ➡ 半分に切ったオリーブを加える ➡ 丸形

オリーブの加え方は下記の通り。

1. 丸めた生地を手で押さえてのばし、半分に切ったオリーブを生地1個につき2切れのせる C 。
2. 生地を手前からくるくると巻いて丸める D 。両手で手前に引き寄せながら回し、表面を張らせて丸める E 。

4 最終発酵

➡ ホイロ(33～34℃・75%)で60～70分

約1.5倍に膨らんだら発酵終了。発酵前 F 、後 G 。

5 焼成

➡ クープ1本

➡ 上火245℃・下火220℃で30分(スチーム1回)

ライ麦粉をふり、スリップベルトに移す。クープは弧を描くように1本 H 。深さは5mmほど。スチームは窯入れ直後の1回。

Spicy Cheese Bread

スパイシーチーズブレッド

山椒や七味、黒コショウが
ピリリときいた、スパイシーなパン。
ホワイトスターターで仕込んだスポンジ種と
微量のイーストでつくる発酵種・ビガを併用して
発酵力を高め、ふっくらと焼き上げている。

洋書にはよくあるんです、山椒を使ったパン。
それで、どんな味か想像して、悪くないな、
これは山椒をしっかりときかせたほうがいいなと
思って。つくってみたら、おいしかった。
このパンは、醬油をつけて食べても
おいしいですよ。(五郎)

山椒が大好きなので、夫に頼んでつくってもらいました。
ちょうど和歌山産の山椒が体にいいと
きいたところだったので、すぐに取り寄せて。
山椒に合う七味を入れて、コショウもきかせています。
トーストするとスパイシーな香りがさらに立って、
魅力が増します。(康子)

Ingredients 材料

長さ13cm・8個分

くるみパンのスポンジ種(仕込み方→p.18)
| ホワイトスターター(p.14)……おたま3杯分
| フランスパン用粉(ドヌール)……250g
| 全粒粉(DC全粒粉)……50g
| 水……300g

ビガ(仕込み方→p.21)……下記より750g
| フランスパン用粉(特ラインゴールド)……4kg
| インスタントドライイースト……8g
| 水……2.2kg

a
| ホワイトスターター(p.14)……おたま1.5杯分
| フランスパン用粉(特ラインゴールド)……1kg
| 塩……28g
| 七味唐辛子……2g
| 黒コショウ……5g
| 粉山椒……4g
| パセリの葉(軸を除き、細かくちぎる)……45g
| 水……350〜500g

レッドチェダーチーズ……125g

Method 工程

1 ミキシング

➡ ミキサーボウルにスポンジ種、こぶし大にちぎったビガ、**a**を入れる。

➡ 低速2分・中速2分

➡ レッドチェダーチーズを加え、低速30秒

➡ こね上げ温度17〜18℃

レッドチェダーチーズは生地がまとまってから加える。チーズが均一に混ざったらミキシング完了。チーズを加えた後、こねすぎると溶けてしまうので注意。

2 発酵・復温

➡ 冷蔵庫で一晩(7℃・15〜21時間)

➡ 常温2時間

約1.5倍になったら発酵終了。発酵前 **A**、後 **B**。

3 分割・成形

➡ 400g ➡ 丸形

成形の手順は下記の通り。

1 分割した生地を手前から折りたたんで丸め、90度回転させて同様に丸める**C**。これを2〜3回繰り返す。
2 両手で手前に引き寄せながら回し、表面を張らせて丸める**D**。

4 最終発酵

➡ ホイロ(33〜34℃・75%)で1時間半〜2時間半

約1.5倍に膨らんだら発酵終了。発酵前 **E**、後 **F**。

5 焼成

➡ クープ2本

➡ 上火245℃・下火220℃で33分(スチーム1回)

クープは深さ約5mmで、平行に2本入れる**G**。スチームは窯入れ直後の1回。

CHAPTER

7

SWEETS
焼き菓子

BANANA BREAD ばななブレッド

シナモンとクローブ、
コーヒーの風味をアクセントに
きかせたリッチな味わい。
完熟バナナをなめらかな
ピュレ状にして加えることで、
濃厚で日持ちのよい一品に。

バナナがまだ貴重品だった子どもの頃、アメリカの方から手づくりのバナナブレッドをいただいたことがあって。お菓子にしてしまうなんて！ともったいなくて毎日少しずつ食べました。時は過ぎて大人になり、アメリカにお嫁にいった友人宅へ遊びに行ったときのこと。お姑さんがお得意のバナナブレッドをつくってくれるときいて胸が高鳴る私。でも、それは遠くでかすかに「バナナ……かな？」というようなやけに粉っぽい味で、友人の立場も考えずに残しました。それからも理想の味には出会えず。で、つくりました。濃厚で外国っぽくて、スパイスがきいていて、バナナたっぷり。若い頃から繰り返しつくっていた大好きな味です。バナナをきっちりなめらかにつぶさないと、いたみやすくなるのでご注意を。(康子)

Ingredients 材料　11cm×8cm×高さ4.5cmの型16個分

完熟バナナ‥‥9〜11本（約830g）
インスタントコーヒー（粉末）‥‥12g
熱湯‥‥200g
バター‥‥563g
三温糖‥‥583g
全卵‥‥7個
バニラオイル‥‥25滴

a ┃ 薄力粉（バイオレット）‥‥833g
　┃ ベーキングパウダー‥‥大さじ1.5
　┃ ベーキングソーダ‥‥小さじ1
　┃ 塩‥‥小さじ1
　┃ シナモンパウダー‥‥小さじ2
　┃ ナツメグパウダー‥‥小さじ1

Method 作り方

1　バナナはフードプロセッサーにかけて、ペースト状にする。インスタントコーヒーは熱湯で溶き、冷めたらバナナと混ぜ合わせる。

2　バターはボウルに入れ、高速のハンドミキサーで混ぜて、しっかりと空気を含ませる。

3　2に三温糖を3回に分けて加え、そのつど、ミキサーでしっかりとすり混ぜる。

4　3に卵を1個ずつ加え、そのつど、しっかりと混ぜてなじませる。

5　バニラオイルを加え、ツノが立つまでしっかりと混ぜる。

6　aの材料を合わせたもの¼量を加え、ヘラで底から返すようにさっくりと混ぜる。

7　1の⅓量を加え、ヘラで返すように7割がた混ぜる。

8　6・7をさらに2回繰り返し、最後にaの残りを加え、粉気がなくなるまでしっかりと混ぜる。

9　型に流し入れ、底を台に打ちつけて空気を抜く。174℃のコンベクションオーブンで40分焼く。

HAMANTASH
ハーマントッシュ

ユダヤ教の祭り「プリム」の日につくられる三角形のお菓子「Hamantaschen（ハーマンタッシェン）」をアレンジ。生クリームを加えてサクッと軽く仕上げた生地でドライフルーツとベリーを包み、日本人になじみやすい味わいに仕立てている。

アメリカでよく見かけるものは小ぶりなクッキーほどの大きさのもので、フィリングにはとても甘いケシの実のあんが使われていることが多いです。
ブレッド&サーカスでは、サクサクのサブレ生地で、甘く煮たドライフルーツ、クランベリーとブルーベリーを包んでいます。大きさも手のひらにちょうどのるくらいの食べごたえのあるサイズに。単純な焼き菓子だけれど、おいしいし、見ているだけで楽しい形。
長い年月、みなさまに愛されています。(康子)

Ingredients 材料

生地(21個分)
- 薄力粉(バイオレット)…930g
- 粉糖…270g
- 塩…10g
- バター*…450g
- 全卵…4個
- 生クリーム(乳脂肪分35%)…25g
- バニラオイル…10滴

具材(1個あたり)
- フルーツあん(p.126)…大さじ1強
- クランベリー…2個
- ブルーベリー…3個
- 溶き卵、粉糖…各適量

* バターは1cm角にカットし、冷凍庫で冷やしておく。

Method 作り方

1. ミキサーボウルに薄力粉、粉糖、塩を入れ、ビーターをつけて低速で40秒混ぜる。バターを加え、低速〜中速で30秒ほど混ぜる。

2. バターの角がとれて丸くなったら、溶いた全卵に生クリームとバニラオイルを加え混ぜたものを3回に分けて加え混ぜ、そのつど低速で混ぜてしっかりとなじませる。

3. 最後に中速〜高速で1〜2分混ぜて生地のきめをととのえる。

4. 台に取り出し、600gに分割する。

5. 空気を抜きながら丸める。

6. 転がして円筒形に形をととのえる。

HAMANTASH ハーマントッシュ

7 ラップフィルムでぴっちりと包み、冷蔵庫で一晩やすませる。

8 **7**を90gに分割する。打ち粉をふり、厚さ2mm、直径15cmの円形にのばす。

9 直径15cmのセルクルで抜く。

10 中心にドライフルーツの煮込みをのせ、上にクランベリーとブルーベリーをのせる。

11 生地の端をカードですくって折り、1辺12cm程度の三角形にする。角の部分を押さえて生地をとじる。

12 表面に溶き卵をハケで薄く塗る。生地が重なる部分は、生地の間にも塗ってノリづけする。

13 174℃のコンベクションオーブンで20分焼く。冷めたら角に粉糖をふる。

CHOCOLATE POMANDER
チョコレートポランタ

クリームチーズを練り込んだ
生地で濃厚なガナッシュと
酸味のきいたラズベリージャムを
包み、茶巾形に成形。
グラニュー糖をたっぷりかけて
焼き上げたゴージャスな味わい。

CHOCOLATE POMANDER　チョコレートポマンタ

もともと、うちではルゲラもつくっていたんです。アメリカではよく見かけるユダヤの伝統菓子です。ルゲラは生地にクリームチーズを練り込んで、それを折りたたんでクロワッサンみたいに層をつくってからドライフルーツを巻き込んで焼きます。この生地を大きくのばしてチョコレートのあんを入れてみたら、よくあいました。チョコレートが流れるから、しばらないと焼けなくて、この形に。(五郎)

つくりはじめた頃は失敗の連続でした。底が抜けたり、生地が破けてチョコレートが噴き出したり。それを見ていた夫から空気が抜けるように口をゆるくしばったらいいと言われて、やってみたらきれいに焼けるようになりました。名前は、形がポマンダー(香り玉)に似ていることから「チョコレートポマンダ」とするつもりが、あわてていたので品札を書きまちがえたことに気づかず、そのまま定着してしまいました。(康子)

Ingredients　材料　16個分

- クリームチーズ‥‥500g
- バター‥‥450g
- 薄力粉(バイオレット)‥‥500g
- 塩‥‥10g
- ガナッシュ*1‥‥800g
- クランベリージャム*2‥‥1個あたり小さじ1
- グラニュー糖‥‥適量
- 卵白‥‥適量

＊1 製菓用スイートチョコレート(クーベルチュール・400g)を湯煎にかけて溶かし、生クリーム(乳脂肪分35%・400g)、コーヒーリキュール(カルーア・大さじ2)を順に加え混ぜる。

＊2 焼き菓子用の市販品を使用。高温にしても沸きづらく、生地からあふれ出ることが少ない。

Method　作り方

1　クリームチーズとバターは冷やしておき、クリームチーズは2cm角に、バターは1.5〜2cm角に切る。

2　ミキサーボウルに**1**と薄力粉を入れ、ビーターをつけて低速で1分混ぜる。

3　塩を半量ずつ加え、そのつど低速で45秒混ぜる。

4　打ち粉をふった台に生地を移し、手でたたくようにのばして四角く形をととのえる。

5　麺棒で厚さ8mmにのばす。

6　三つ折りにする。

裏返し、向きを90°変えて、縦35cm×横25cmくらいにのばす。

再度三つ折りにする。

7〜8を再度繰り返す。

裏返し、向きを90°変えて、35cm×25cm×厚さ1cmほどの長方形にのばす。打ち粉をしてさらに二つ折りにする。

ビニール袋に入れ、冷蔵庫で一晩やすませる。

生地を85〜90gに分割し、すぐに成形する分だけを残して冷蔵庫に戻し、成形するごとに少しずつ出す。生地を常温に長くおくとだれて作業がしづらい上、おいしくなくなる。

麺棒で20cm四方にのばす。端は厚さ1〜2mmに、中央はやや厚くする。分割したときの断面を上にしてのばすと4〜10でつくった層が崩れてしまうので、注意する。

中央にガナッシュ50g、クランベリージャム小さじ1をのせる。

茶巾形に包み、口をオーブンペーパー(幅4cm・長さ25cmに切り、軽くよりをかけたもの)で、すき間を残してゆるめにしばる。きっちりしばると焼成中に爆発してしまう。

冷凍庫に一晩以上おく(冷凍で5〜7日間保存可能)。

常温に10分ほどおいて生地をゆるめる。天板に、生地の底の大きさに合わせてグラニュー糖を円く敷く。生地を卵白にくぐらせ、グラニュー糖の上に置く。

上からもグラニュー糖をまんべんなくたっぷりかける。しばるときに残したすき間をグラニュー糖でふさがないよう注意する。175℃のコンベクションオーブンで30分焼く。

ALMOND AROMA WAFERS
アーモンドアロマウェハス

アイスクリームと一緒に楽しむ一品を、と試行錯誤の末に完成させた歯ごたえのある香ばしいウエハース。
アーモンドとカシューナッツを同割で合わせることで、絶妙な甘みとコク、香りのバランスが生まれる。

フランスへ行ったとき、アイスクリームに紙のように薄い大きなウエハースがついてきました。それをぱりんと割りながらアイスクリームをすくって食べるのが、衝撃的なほど、それはそれはおいしくて。技術的にも原価的にもハードルが高かったのですが、どうしてもつくりたくて……。卵白の量が難しく、アーモンドのアロマだけを感じさせるためのナッツの配合にも苦労しました。アーモンドをたくさん入れればいいというものではないんです。べたべたした生地を半解凍してのばしても、あの薄さが精一杯。ぼりんぼりんの無骨なのができましたけど、満足しています。(康子)

Ingredients 材料 29枚分

- アーモンド……250g
- カシューナッツ……250g
- 三温糖……1250g
- 強力粉(スーパーフォルテ)……600g
- 卵白……10個分＋適量
- バニラオイル……1.2g

Method 作り方

1　アーモンドとカシューナッツをフードプロセッサーで1〜3mmの粒状に砕く。

2　ミキサーボウルに1、三温糖、強力粉を入れ、ビーターを手に持って混ぜる。

3　バニラオイルを混ぜた卵白(10個分)を加え、低速で40秒ほど混ぜ、粉気がなくなったらすぐにミキサーを止める。

4　生地を手早くひとまとめにし、ポリ袋に入れて一晩冷凍庫におく。

5　常温で半解凍し、95gに分割する。

6　打ち粉をし、手のひらで平らにのばす。麺棒で22cm×15cm×厚さ2mmの楕円形にのばす。

7　天板に並べ、ハケで余分な粉をはらう。卵白(適量)を泡立て、ハケで薄く塗る。

8　190℃のコンベクションオーブンで12分焼く。冷めたらカードを使って割らないようにそっと天板からはがす。

GLAMOROUS SCONE
グラマラス・スコーン

ドライフルーツやナッツ、オートミールの
しゃりしゃり、つぶつぶとした食感が楽しい、
具だくさんのスコーン。具材の存在感に
負けないよう、生地には全粒粉を加えて
味わい豊かに仕上げている。

シリアルバーとか、グラノーラとか、シリアルやドライフルーツがたくさん入っているものにとにかく目がなくて。贅沢に使ったスコーンをつくりました。生地はつなぎ程度で、ほとんどが具材。このしゃりしゃり感、そしてつぶつぶ感、さらに、むにゅむにゅ感。なんてグラマラスなんだろうと思って「グラマラス・スコーン」と名づけました。ていねいにきっちり丸めてしまうとほろほろとした食感が出ません。表面がつるんときれいになってしまわないよう、ふんわりとまとめてください。(康子)

Ingredients 材料　約34個分

薄力粉(バイオレット)…220g

a
- 全粒粉(DC全粒粉)…186g
- ベーキングパウダー…小さじ2
- ベーキングソーダ…小さじ1.5
- オートミール…204g
- グラニュー糖…190g
- 塩…小さじ½
- バター*1…252g

b
- ドライクランベリー(みじん切り)…448g
- レーズン(みじん切り)…280g
- サルタナレーズン(みじん切り)…168g
- アーモンド(粗みじん切り)…280g
- 黒ゴマ…88g
- 黒ケシの実…26g

サワークリーム*2…200g
牛乳*3…30cc

*1 約1cm角に切り、冷凍庫に入れて冷やしておく。
*2、3 混ぜ合わせて冷蔵庫で冷やしておく。

Method 作り方

1 ふるった薄力粉をミキサーボウルに入れ、aを加えて泡立て器で混ぜる。ビーターをつけて低速で約10秒、中速で約2分、バターの角がとれるまで混ぜる。

2 bを加え、具材が均一に混ざるまで低速で約1分半回す。

3 サワークリームと牛乳を合わせて冷やしておいたものを加え、低速で約3分半、生地がまとまるまで混ぜる。

4 すぐに台に移し、75gに分割する。おにぎりをにぎるようにふんわりと丸くまとめ、天板に並べる。生地内のバターが冷たいうちに焼きはじめられるよう、作業は手早く行なう。

5 163℃のコンベクションオーブンで、30分焼く。

Ginger Man Scone
ジンジャーマン・スコーン

ショウガの砂糖漬けをたっぷりと
混ぜ込んだスコーン。バターと
生クリーム入りの口どけのよい生地が、
ショウガのピリッとした刺激を
やさしく受け止め、しっとり、
ほろりと溶けていく。

横浜の中華街では昔からショウガの砂糖漬けが売られていて、横浜育ちの私は子どもの頃からおやつに食べていました。その大好きなショウガの砂糖漬けをたっぷりと入れたスコーンです。名前はジンジャーマンクッキーから。つくりはじめた頃はまだショウガ入りのお菓子ってあまりなかったのですが、この名前なら味のイメージがつきやすいかな、と。

スコーンは昔から好きで、青山に住んでいた頃によく行った近所の喫茶店のものは特に忘れられません。トースターで温めて、バターと当時はまだめずらしかったクロテッドクリームを添えてくれました。そんなわけで、スコーンは喫茶店を始めたときからつくっていました。このスコーンはショウガの風味を生かすために、少し甘めの生地にしています。(康子)

Ingredients 材料　40個分

薄力粉(バイオレット)……1kg
ベーキングパウダー……小さじ6〜7
ショウガの砂糖漬け*1……400g
グラニュー糖……300g
塩……10g
バター*2……700g
生クリーム(乳脂肪分35%)
　……350cc+50cc

*1 正栄食品工業株式会社製を使用。細かくきざんでおく。
*2 1cm角に切り、冷凍庫で冷やしておく。

Method 作り方

1 薄力粉とベーキングパウダーを合わせてふるい、ミキサーボウルに入れる。ショウガの砂糖漬け、グラニュー糖、塩を加え、ビーターをつけて低速で1分弱混ぜる。

2 ショウガの砂糖漬けが均等に混ざったら、バターを加え、写真のようにバターの角がとれて丸くなるまで低速で1分、中速で20秒ほど混ぜる。

3 生クリーム(350cc)を加え、低速で1分混ぜる。水分がなじんだら中速で約30秒、高速で約20秒混ぜ、生地がまとまったらすぐに止める。

4 生地を台に移し、厚さ2cmにのばし、三つ折りにする。同様の工程をもう1回繰り返し、生地を厚さ2cmにのばす。

5 直径6.5cmのセルクルで抜き、天板に並べる(1個約70g)。

6 ハケで生クリーム(適量)を薄く塗り、190℃のコンベクションオーブンで15分焼く。

RICH TRIPLE CHOCOLATE MUFFIN
濃厚トリプルチョコマフィン

ミルキーなクーベルチュールと
バター、卵、三温糖などを合わせた
濃厚な味わいのチョコレート生地に、
さらにチョコチップをたっぷり加えて
焼き上げた、スーパーリッチな
チョコマフィン。

最近は食べなくなりましたけど、以前はチョコレートが大好きで、私の体はチョコレートとコーヒーでできている、というくらい、コーヒーと一緒にしょっちゅう食べていました。とくに濃厚なチョコレートが好きで、このマフィンもとにかく濃厚に仕上げました。頭が痛くなるくらい徹底的に濃厚です（笑）。知らずに召し上がるとびっくりされるかもしれないので、注意書きを兼ねて「とてもとても濃厚ですよ」というメッセージが伝わるネーミングにしました。粉が少なくてチョコレートが多い生地なので、卵をしっかりと泡立てることで重すぎない食感に仕上げます。(康子)

Ingredients　材料　直径7cm×高さ4cmのマフィンカップ48個分

全卵*¹ …… 18個
三温糖 …… 990g
塩 …… 小さじ¾
インスタントコーヒー（粉末）…… 大さじ3
バニラオイル …… 1.2g
ミルクチョコレート（クーベルチュール）*²
　　…… 1620g
バター*³ …… 540g
薄力粉（バイオレット）…… 675g
ベーキングパウダー …… 大さじ2.5

クルミ …… 540g
チョコチップ …… 630g

＊1　卵はボウルに入れ、給湯器を40℃に設定して湯をかけ流し、割る寸前まで温めておく。卵を温めておかないと生地の温度が低くなり、チョコレートがかたまってしまってきれいに混ざらない。

＊2、3　細かくきざんだミルクチョコレートと2〜3cm角に切ったバターを湯煎にかけて溶かしておく。

Method　作り方

1　ボウルに全卵を割り入れ、ハンドミキサーの低速で混ぜる。黄身と白身が混ざったら高速にする。泡のきめが細かくなったら、三温糖と塩を少しずつ加え混ぜる。

2　ハンドミキサーのあとがしっかりと残るようになったら、インスタントコーヒーとバニラオイルを加え混ぜる。

3　湯煎にかけておいたチョコレートとバターを加え、ヘラで底から返すように混ぜる。チョコレートが冷めてかたまる前に焼きはじめられるよう、ここからは手早く作業する。

4　均一に混ざったら、薄力粉とベーキングパウダーをふるい入れる。ヘラで底から返すようにさっくりと切り混ぜる。

5　粉気が完全になくなる少し手前でクルミとチョコチップを加え混ぜる。

6　マフィンカップに125gずつ入れる。184℃のコンベクションオーブンで25分焼く。

Fig, Maple & Walnut Bread
いちじくとメープルウォルナッツブレッド

ハチミツをたっぷりと使うパン・デピスの「メープルシロップバージョン」をイメージしてつくったクイックブレッド。イチジクとクルミの甘み、食感をプラスし、さくっと香ばしく焼き上げている。

大好きなメープルシロップをしっかりきかせたお菓子を自分が食べたくて、空いた時間にぱっとつくって、おいしくできたので店に出してみたら、意外なほどに売れてびっくり。メープルシロップが好きな方、多いんですね。最初は薄力粉だけでつくっていましたが、まったくもってパウンドケーキそのものという感じになってしまって。味わいに欠けたので強力粉と全粒粉をブレンドし、オートミールを加えました。デーツを足したこともありましたが、入れないほうがおいしいです。イチジクは生地に味と風味がよくしみ出るよう、カットしてから加えるのもポイントです。(康子)

Ingredients 材料 11.5cm×8cm×高さ5.5cmの型13個分

全卵……8個
メープルシロップ……400g+100g
サラダ油……260g
牛乳……700cc
薄力粉(バイオレット)……420g
ベーキングパウダー……56g

強力粉(スーパーフォルテ)……520g
全粒粉(DC全粒粉)……200g
オートミール……200g
塩……小さじ1
ドライイチジク(角切り)……350g
クルミ……300g

Method 作り方

1 ボウルに全卵を入れて溶きほぐし、メープルシロップ(400g)とサラダ油を加え、泡立て器で混ぜて乳化させる。

2 牛乳を加え混ぜる。

3 別のボウルに薄力粉とベーキングパウダーを合わせてふるい入れ、強力粉、全粒粉、オートミール、塩を加えて混ぜる。

4 **3**に**2**を3回に分けて加え、そのつど、ヘラでしっかりと混ぜる。

5 ドライイチジクは、さっと水で洗って水気をきる。クルミは1cm角に切る。これらを**4**に加え混ぜる。

6 ドライイチジクとクルミが均一に混ざったら、290gずつ型に流し入れる。

7 180℃のコンベクションオーブンで30分焼く。熱いうちに型から出し、メープルシロップ(100g)を13個に均等に、ハケで表面にまんべんなく塗る。

CONCORD
コンコード

さまざまな彩り、味わいの
ドライフルーツとナッツに
つなぎ程度の薄力粉とバターを加え、
じっくりと時間をかけて焼き上げる。
"秋の実り"がぎっしり詰まった、
芳醇な味わいの焼き菓子。

昔から写真を撮ることがほとんどありませんでした。すべての思い出深い瞬間は自分のなかに刻めばいい、と思っていました。いまはほんの少し後悔しています。特にコンコードの風景を撮影しておけばよかったとためいきがひとつ。そんなわけで、秋の実りを思わせるドライフルーツとナッツをたっぷり使った菓子に「コンコード」と名づけました。親友とともに歩き、たくさんの話をした場所の名前です。アメリカ・ニューイングランド地方にある、『若草物語』の作者オルコットが暮らした街。黄変したイチョウ、しんと冷たい空気、湖、高い木立の群れ、小さな川……。秋が似合う、とても美しいところでした。(康子)

Ingredients　材料　　10.5cm×9.5cm×高さ8.5cmのフタつきの型6個分

a
- ドライイチジク（角切り）……500g
- ドライクランベリー……400g
- レーズン……300g
- ドライパイナップル（角切り）……150g
- カシューナッツ……420g
- クルミ……360g
- アーモンド……240g

b
- ラミーフルーツ（市販品）*1……900g
- ブルーベリーの洋酒漬け（市販品）……150g

- バター*2……150g
- 薄力粉（バイオレット）……750g
- 塩……小さじ3
- 冷水……700〜750g
- アーモンドスライス……適量

*1 レーズン、リンゴ、パイナップル、チェリー、オレンジピールを洋酒漬けにしたものを使用。
*2 1cm角にカットし、冷蔵庫で冷やしておく。

Method　作り方

1　ボウルに **a** を入れ、ほぐしながら手で底からすくうように混ぜる。

2　**b** を加えて混ぜる。

3　バターに薄力粉の一部をまぶして手でほぐし、**2** に加え混ぜる。

4　残りの薄力粉に塩を加え、**3** に3回に分けて加える。そのつど底から手で返すようにまんべんなく混ぜる。

5　冷水を2回に分けて加え混ぜる。水の量はドライフルーツの水分量に応じて調整する。

6　型にバターを塗り、全粒粉をふる（ともに分量外）。アーモンドスライスを敷く。

7　生地を800〜820g入れ、ヘラでしっかりと押さえて空気を抜く。表面を平らにならし、型離れをよくするため、生地の端をヘラで斜めに押さえる。

8　アーモンドスライスをちらし、全粒粉（分量外）をふる。フタをして天板に並べ、173℃のコンベクションオーブンで1時間半焼く。

9　粗熱がとれたら型から外し、蒸れないよう横にして網にのせて冷ます。型を外すときは、タオルを敷いた台に強く打ちつけるときれいに外れる。

補足レシピ

カスタード
クリーム

Ingredients　材料

牛乳……2リットル
バニラビーンズ……4本
コーンスターチ……85g
薄力粉……70g
グラニュー糖……480g
卵……27個

Method　作り方

鍋に牛乳を入れ、バニラビーンズをさやごと加えて中火にかける。人肌に温まったら、バニラの種をさやからしごいて牛乳に入れ、さやは取り出す。

ボウルにコーンスターチと薄力粉をふるい入れ、グラニュー糖を加えて泡立て器で混ぜる。

2に溶いた卵を少しずつ加え、写真のように白くもったりするまで泡立て器で混ぜる。

1がふつふつと沸いたら、**3**に一気に加え混ぜる。

90℃の湯で湯煎しながら混ぜる。ツヤが出て、泡立て器のあとが残るようになるまで11〜13分ほど混ぜる。

バットに流し、ラップフィルムで表面をぴったりとおおい、保冷剤をのせて冷ます。

リンゴ煮

Ingredients 材料

リンゴ……15個
上白糖……600g
シナモンパウダー……適量
コーンスターチ……大さじ3〜4

Method 工程

1 リンゴは皮と芯を除き、12等分のくし形切りにする。
2 鍋に1、上白糖、シナモンパウダーを入れ、鍋をゆすってリンゴに上白糖とシナモンをまぶす。
3 吹きこぼれない程度の強火で11分加熱し、木ベラで一度軽く混ぜる。同じ火加減のまま、さらに8〜10分煮る。
4 煮汁を200ccほど取り分け、コーンスターチを加え混ぜる。その間、火加減はとろ火にしておく。
5 火を止め、コーンスターチを混ぜた煮汁を回し入れ、木ベラで手早く混ぜる。続けてラム酒を加え混ぜ、冷ます。冷蔵で3〜4日間保存可能。

ミンスミート

Ingredients 材料

a
レーズン……160g
サルタナレーズン……40g
ドライクランベリー……60g
ドライパイナップル……40g
ドライイチジク……70g
ドライアプリコット……30g
リンゴ……2個

b
レモンの皮のすりおろし……1個分
レモン汁……2個分
グラニュー糖……200g
アーモンドパウダー……大さじ3
ラム酒(またはブランデー)……90cc
ナツメグパウダー……大さじ½
シナモンパウダー……大さじ½
クローブパウダー……大さじ½

Method 工程

1 a をすべてみじん切りにし、b と合わせて混ぜる。

ブレッド&サーカスのどんなパンにもよく合う ジャガイモとトマトのスープのつくり方

1 フライパンにバターを熱し、みじん切りにした玉ネギ(3個分)をキツネ色になるまで炒める。たっぷりの湯を沸かした鍋に移す。
2 フライパンにオリーブ油とバターを熱し、みじん切りにしたニンニク(3片分)、鶏モモ肉(1kg)を加え、鶏の表面に軽く焦げ目がつくまで炒め、1の寸胴鍋に移す。
3 トマト(9個)を湯むきし、ヘタをとってざく切りにする。2の鍋に加え、弱火で4〜5時間煮込む。途中、鶏の皮が浮き上がったら取り除き、アクはすくう。
4 ジャガイモ(8個)の皮をむき、半分に切って鍋に加え、やわらかくなるまで15〜20分間煮る。器に盛り、乾燥パセリをふる。

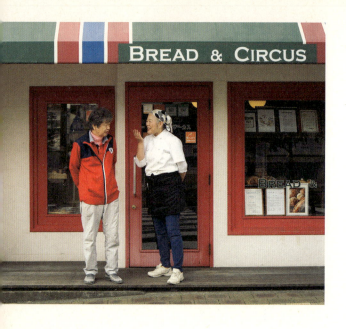

BREAD & CIRCUS
ブレッド＆サーカス

神奈川県足柄下郡湯河原町土肥4-2-16
0465-62-6789
営業時間　11:00〜17:00（売り切れ次第閉店）
定休日　　水・木曜日

1996年に手づくりパンとコーヒーを出す喫茶店としてオープン。パンのおいしさが評判を呼び、テイクアウトするお客が増えたため、98年ベーカリーに転業。アメリカ、ドイツ、フランス、ウクライナ、ユダヤ、北欧など、さまざまな国にルーツを持つパンや、独自の発想で生み出されたパンが、常時40〜50種類ほど並ぶ。国内外の専門書や雑誌を読み、研究を重ねることで築き上げられたその製パンスタイルは独特。この店でしか出会えない大きくて味わい深いパンは全国に数多くのファンを持ち、平日でも常に行列がたえない。

寺本五郎
1938年大分県生まれ。建築家として活躍していた60歳のときに体調を崩し、湯河原の隣町、真鶴にて転地療養。体調が落ち着いてからはリハビリを兼ねてパンをつくりはじめる。やがて、妻・康子さんが開業したブレッド＆サーカスのパンづくりを手伝うようになり、天然酵母のパンづくりにのめり込む。

寺本康子
1958年、外来の文化息づく横浜に生まれ、横浜で育つ。夫・五郎さんの病気を機に、真鶴へ転居。96年に喫茶店「ブレッド＆サーカス」を湯河原で開業。店で焼くパンが評判となり、98年に改装し、ベーカリーに転業。以来、五郎さんとともにおいしいパンづくりを追求し続けている。

協力スタッフ
長友　幸／小松千咲／山田孝子

ブレッド＆サーカス
BREAD & CIRCUS
粉からおこす
自家製天然酵母のパンづくり

初版印刷　2017年5月10日
初版発行　2017年5月25日

著者©　　寺本五郎、寺本康子
発行者　　土肥大介
発行所　　株式会社 柴田書店
　　　　　東京都文京区湯島3-26-9　イヤサカビル　〒113-8477
　　　　　電話　営業部　03-5816-8282（注文・問合せ）
　　　　　　　　書籍編集部　03-5816-8260
　　　　　URL　http://www.shibatashoten.co.jp/

印刷・製本　シナノ書籍印刷株式会社

本書掲載内容の無断掲載・複写（コピー）・引用・データ配信等の行為は固く禁じます。
乱丁・落丁本はお取替えいたします。

ISBN 978-4-388-06263-8
Printed in Japan